ESV

Spanische Übungsgrammatik für Anfänger

Teil II

von

Gina Beitscher
José Mariá Domínguez
Miguel Valle

3., überarbeitete Auflage

ERICH SCHMIDT VERLAG

Die Deutsche Bibliothek – CIP-Einheitsaufnahme

Beitscher, Gina
Spanische Übungsgrammatik für Anfänger / von Gina Beitscher ; José María Domíngues ; Miguel Valle. - Berlin : Erich Schmidt

Teil 2. . - 3., überarb. Aufl.. - 2001
ISBN 3-503-06103-7

1. Auflage 1993
2. Auflage 1997
3. Auflage 2001

ISBN 3 503 06103 7

Dieses Buch ist auf säurefreiem Papier gedruckt
und entspricht den Frankfurter Forderungen zur Verwendung
alterungsbeständiger Papiere für die Buchherstellung.

Satz: multitext, Berlin
Druck: Bitter, Recklinghausen

NOTA PRELIMINAR

Esta segunda parte del método de español conserva la misma estructura que la primera: a la teoría gramatical siguen dos grupos de ejercicios, el A para practicar los temas de cada lección y el B para repasar indistintamente las cuestiones más necesitadas de continuo recuerdo.

Se han intercalado textos breves, que descongestionan la acumulación de ejercicios; también pueden servir para traducción, o como lecturas, para ejercitar la pronunciación y entonación, por desgracia, bastante olvidadas; y no en último término, para introducir en temas relacionados con aspectos varios de los países de habla española.

Se completa con las reglas principales de la ortografía y puntuación, a las que generalmente se presta escasa atención en los métodos tradicionales. Al final del libro ofrecemos una lista de los gentilicios más importantes.

Ni que decir tiene que los ejercicios, con ayuda de la clave correspondiente, se adaptan muy bien a la traducción y retraducción, lo que facilita un autocontrol muy apreciado por numerosos usuarios, como nos ha mostrado la experiencia.

Los autores reciben de buen grado todas las sugerencias que puedan ayudar a introducir las mejoras que resulten factibles. De antemano muchas gracias ... ¡y que el estudio les sea leve!

Los autores

VORWORT

Teil II der Spanischen Übungsgrammatik für Anfänger weist den gleichen Aufbau wie schon Teil I auf: nach Erklärungen der jeweiligen grammatikalischen Themen folgen zwei Übungsgruppen. Anhand der Übungen A (Ejercicios A) werden die entsprechenden Lektionsthemen vertieft, wobei mit Hilfe der gemischten Übungen B die Fragen behandelt werden, deren Wiederholung ein fortwährendes Muß darstellt.

Zur Auflockerung wurden kurze Texte eingeschoben, die als Übersetzungsübung, zum Training der häufig vernachlässigten Aussprache und Betonung sowie als landeskundliche Lektüre einsetzbar sind.

Im Anschluß an die Grammatik folgen die wichtigsten Orthographie- und Interpunktionsregeln, denen herkömmliche Lehrbücher im allgemeinen nur geringe Aufmerksamkeit schenken, und schließlich eine einsprachige Liste wichtiger "Gentilicios".

Mit Hilfe des dazu erhältlichen Lösungsschlüssels eignen sich die Übungen auch hervorragend für die Übersetzung und Rückübersetzung, wodurch eine Selbstkontrolle möglich ist, die, wie die Erfahrung zeigte, von zahlreichen Studierenden als äußerst hilfreich erachtet wird.

Die Autoren nehmen gerne Anregungen entgegen, die zur Verbesserung dieses Buches beitragen können. Wir bedanken uns im voraus und hoffen, daß Ihnen das Studium der spanischen Sprache nicht allzu schwer fällt und viel Freude bereitet!

Die Verfasser

INHALTSVERZEICHNIS

9. KAPITEL

1. Das Futur (el futuro)

a. Futuro imperfecto

1. wird gebildet durch Anhängung bestimmter Endungen an den Infinitiv.

tomar	**comer**	**subir**
tomar**é**	comer**é**	subir**é**
tomar**ás**	comer**ás**	subir**ás**
tomar**á**	comer**á**	subir**á**
tomar**emos**	comer**emos**	subir**emos**
tomar**éis**	comer**éis**	subir**éis**
tomar**án**	comer**án**	subir**án**

Diese Endungen sind für alle Verben gleich.

2. Nur folgende wichtige Verben haben einen **unregelmäßigen** Stamm bei der Bildung des Futurs (vgl. Konditional, S. 15):

caber	=	**cabré**,	saber	=	**sabré**,
decir	=	**diré**,	salir	=	**saldré**,
hacer	=	**haré**,	tener	=	**tendré**,
poder	=	**podré**,	valer	=	**valdré**,
poner	=	**pondré**,	venir	=	**vendré**
querer	=	**querré**,			

3. Verwendung

Futuro imperfecto bezeichnet

A. eine **zukünftige Handlung**:

El año que viene iremos a México. — Nächstes Jahr werden wir nach Mexiko reisen.

Die **„nahe Zukunft"** wird oft ausgedrückt durch **ir a + Infinitiv**, vgl. Teil I, S. 57!

Mañana lo voy a hacer. — Morgen werde ich es tun. (Das sollte jedoch nicht zur Regel werden!)

B. eine **Vermutung**, **Ungewißheit** oder **unsichere Aussage**, gerichtet auf die Gegenwart oder Zukunft:

¿Qué le diremos? — Was sollen wir ihm sagen?

¿Qué hora es? – Serán las cinco. — Wie spät ist es? – Es wird wohl/dürfte fünf Uhr sein.

Con este tiempo no estarán en casa.	Bei diesem Wetter werden sie wohl kaum zu Hause sein.

C. eine **Aufforderung**, **Verpflichtung**, einen **zwingenden Befehl**:

No matarás.	Du sollst nicht töten.
Honrarás a tu padre y a tu madre.	Du sollst Vater und Mutter ehren.
Los estudiantes entregarán la documentación en (la) secretaría.	Die Studenten sollen die Unterlagen im Sekretariat abgeben.

b. Futuro perfecto

1. wird gebildet mit den Formen von **haber** im **Futuro imperfecto** und dem **Partizip Perfekt**:

habré llegado	ich werde angekommen sein
habrás llegado	du wirst angekommen sein
habrá llegado	sie/er wird angekommen sein
habremos llegado	wir werden angekommen sein
habréis llegado	ihr werdet angekommen sein
habrán llegado	sie werden angekommen sein

2. Das **futuro perfecto** bezeichnet

A. eine **Handlung**, die **beendet sein wird, bevor eine andere beginnt**:

Cuando vengas a Múnich, ya **habré partido** para España.	Wenn du nach München kommst, werde ich schon nach Spanien abgereist sein.

B. eine **Vermutung**, **Ungewißheit** etc. über eine **bereits abgeschlossene Handlung**:

Lo habrá hecho.	Er wird es wohl gemacht haben.
¿Te han llamado ya?	Haben sie dich schon angerufen?
– No, no habrán llegado todavía.	– Nein, sie werden wohl noch nicht angekommen sein.

2. Das Konditional (el potencial)

a. Potencial simple

1. wird gebildet durch Anhängung **bestimmter Endungen** an den **Infinitiv**:

tomar	**comer**	**vivir**
tomar**ía**	comer**ía**	vivir**ía**
tomar**ías**	comer**ías**	vivir**ías**
tomar**ía**	comer**ía**	vivir**ía**
tomar**íamos**	comer**íamos**	vivir**íamos**
tomar**íais**	comer**íais**	vivir**íais**
tomar**ían**	comer**ían**	vivir**ían**

Diese Endungen sind für alle Verben gleich.

2. Nur folgende Verben haben einen **unregelmäßigen** Stamm bei der Bildung des Konditionals (vgl. Futur, S. 13):

caber	=	**cabría**,	saber	=	**sabría**,
decir	=	**diría**,	salir	=	**saldría**,
hacer	=	**haría**,	tener	=	**tendría**,
poder	=	**podría**,	valer	=	**valdría**,
poner	=	**pondría**,	venir	=	**vendría**.
querer	=	**querría**,			

3. Verwendung

Potencial simple bezeichnet

A. eine **Handlung**, die **unter bestimmten Voraussetzungen** in der **Gegenwart oder Zukunft zustande kommen könnte**:

Yo compraría este coche.	Ich würde diesen Wagen kaufen.
El profesor podría explicártelo.	Der Lehrer könnte es dir erklären.

B. einen **höflichen Wunsch** oder eine **vorsichtige** (Meinungs-)**Äußerung**:

Me gustaría saberlo.	Ich würde es gerne wissen.
¿Podrías ayudarme?	Könntest du mir helfen?
Yo no diría eso.	Ich würde das nicht sagen.

Für **querría** (ich möchte) wird meist **quisiera** (**Imperfecto de subjuntivo**, vgl. S. 127) verwendet.

Quisiera una entrada para esta noche. — Ich möchte/hätte gern eine Eintrittskarte für heute abend.

C. eine **Vermutung** gerichtet auf die **Vergangenheit**: (vgl. Futur, S. 13 B!)

Serían las ocho cuando **llegó**. — Es dürfte acht Uhr gewesen sein, als er ankam.

D. sog. „**irreale Bedingungssätze**" zusammen mit **Imperfecto de subjuntivo** (s. S. 130)

E. in der **indirekten Rede** die **Vergangenheit des Futurs** (s. S. 157–158)

b. Potencial compuesto

1. wird gebildet mit den Formen von **haber** im **Potencial simple** und dem **Partizip Perfekt**.

habría venido	ich wäre gekommen
habrías venido	du wärest gekommen
habría venido	sie/er wäre gekommen
habríamos venido	wir wären gekommen
habríais venido	ihr wäret gekommen
habrían venido	sie wären gekommen

2. **Potencial compuesto** bezeichnet

eine **Handlung** in der **Vergangenheit**, die **nicht verwirklicht** werden konnte, weil eine **Voraussetzung fehlte**:

Yo habría venido. — Ich wäre gekommen.
Nosotros lo habríamos dicho. — Wir hätten es gesagt.

3. Pretérito indefinido der unregelmäßigen Verben

dar – venir – hacer (s. Teil I, S. 57) – haber (s. Teil I, S. 105) – decir – poder (s. Teil I, S. 102) – poner – caber – caer – conducir – oír – saber – traer – ver (s. Teil I, S. 102) – querer – andar – estar – ir – ser – tener.

andar	**caber**	**caer**	**conducir**	**dar**
anduve anduviste anduvo anduvimos anduvisteis anduvieron	cupe cupiste cupo cupimos cupisteis cupieron	caí caíste cayó caímos caísteis cayeron	conduje condujiste condujo condujimos condujisteis condujeron	di diste dio dimos disteis dieron

decir	**estar**	**haber**	**hacer**	**ir**
dije dijiste dijo dijimos dijisteis dijeron	estuve estuviste estuvo estuvimos estuvisteis estuvieron	hube hubiste hubo (es gab) hubimos hubisteis hubieron	hice hiciste hizo (!) hicimos hicisteis hicieron	fui fuiste fue fuimos fuisteis fueron

oír	**poder**	**poner**	**querer**	**saber**
oí oíste oyó oímos oísteis oyeron	pude pudiste pudo pudimos pudisteis pudieron	puse pusiste puso pusimos pusisteis pusieron	quise quisiste quiso quisimos quisisteis quisieron	supe supiste supo supimos supisteis supieron

ser	**tener**	**traer**	**venir**	**ver**
fui fuiste fue fuimos fuisteis fueron	tuve tuviste tuvo tuvimos tuvisteis tuvieron	traje trajiste trajo trajimos trajisteis trajeron	vine viniste vino vinimos vinisteis vinieron	vi viste vio vimos visteis vieron

4. Das betonte Possessivpronomen (el pronombre posesivo tónico)

A. Neben dem **unbetonten** Possessivpronomen – **mi(s), tu(s), su(s), nuestro(s), nuestra(s), vuestro(s), vuestra(s), su(s)** – (vgl. Teil I, S. 60), gibt es auch noch die sog. **betonten** Formen.

mío	mía	míos	mías	mein
tuyo	tuya	tuyos	tuyas	dein
suyo	suya	suyos	suyas	sein/ihr/Ihr
nuestro	nuestra	nuestros	nuestras	unser
vuestro	vuestra	vuestros	vuestras	euer
suyo	suya	suyos	suyas	ihr/Ihr

Das **betonte Possessivpronomen** steht – im Gegensatz zum unbetonten – **nach dem Substantiv**, wird diesem **in Zahl und Geschlecht angeglichen** und ist **eigenständiger** bzw. hat mehr Nachdruck.

B. Verwendung

a. als **Ausruf**:

¡Dios mío! – Mein Gott!;

b. in der **formellen Anrede** (Korrespondenz):

Muy señor mío: – Sehr geehrter Herr, (Korrespondenz);

c. mit **bestimmtem Artikel**:

¿De quién es ese coche? – Wem gehört dieser Wagen?

¿Es el tuyo? – No, el mío. Es mío. – Ist es deiner? – Nein, meiner. Der meine. Er gehört mir.

1. **ser + mío, tuyo,** etc. = **gehören**
2. **lo mío** = das Meine (was mir gehört/mich betrifft)
3. **los míos** = die Meinen (= meine Familie)

d. mit **unbestimmtem Artikel**:

Una amiga **mía** me lo ha dicho. – Eine Freundin von mir/eine meiner Freundinnen hat es mir gesagt.

Ha llamado un alumno **tuyo**. – Einer deiner Schüler hat angerufen. Ein Schüler von dir hat angerufen.

Es muy amigo **mío**. – Er ist ein sehr guter Freund von mir.

EJERCICIOS A

1. Formar la primera persona singular del futuro simple

comprender – recomendar – construir – jugar – continuar – seguir – tener – pensar – conocer – poner – guiar – ver – hacer – escribir – decir – hablar – querer – repetir

2. Formar la tercera persona singular del futuro simple

comprar – ir – traer – venir – salir – poder – pedir – escapar – saber – estar – ser – valer – caber – tomar

3. Formar la segunda persona plural del futuro simple

¿adónde vais? – ¿qué le decís? – ¿dónde lo ponéis? – ¿lo visitáis? – ¿se lo pagáis? – ¿lo hacéis? – ¿lo devolvéis?

4. Poner las siguientes frases en futuro

1. Tomo un taxi. **2.** La señora llama al médico. **3.** ¿A quién llaman? **4.** ¿Escribís por fin esas cartas? **5.** No le escribo más. **6.** Luego subimos a la montaña. **7.** Mañana no tengo tiempo. **8.** Se niega a hacerlo. **9.** ¿Te pones tu vestido nuevo? **10.** Le decimos que los papeles se han perdido. **11.** ¿Cuándo lo hacéis? **12.** Lo saben a tiempo. **13.** ¿Qué dicen sus parientes? **14.** Le ocultan la verdad. **15.** Pongo ese dinero en el banco. **16.** No tenemos oportunidad de pasar por allí. **17.** Ese objeto no vale nada. **18.** No quedan satisfechos. **19.** No nos es posible. **20.** El almacén está cerrado. **21.** La próxima semana estamos muy atareados. **22.** La producción crece este año en un 3 por ciento. **23.** ¿Qué le aconsejas? **24.** No quiere hacerlo. **25.** Le parece imposible. **26.** Dicen que eso es poco práctico. **27.** Trata de demostrar que él es superior a ti. **28.** Para él no hay ningún problema difícil. **29.** Él sabe todo mejor que tú. **30.** Te convence de que él es un prodigio.

5. El viaje definitivo

El andaluz Juan Ramón Jiménez (1881–1958) es uno de los líricos españoles más importantes. Su obra poética es vastísima y de una sensibilidad exquisita. Escribió "Baladas de primavera" (1910), "Eternidades" (1918), "Animal de fondo" (1949) y el idilio en prosa "Platero y yo" (1914). En 1956 le otorgaron el Premio Nobel de Literatura.

... Y yo me iré. Y se quedarán los pájaros cantando;
y se quedará mi huerto, con su verde árbol
y con su pozo blanco.

Todas las tardes, el cielo será azul y plácido;
y tocarán, como esta tarde están tocando,
las campanas del campanario.
Se morirán aquellos que me amaron;
y el pueblo se hará nuevo cada año;
y en el rincón aquel de mi huerto florido y encalado,
mi espíritu errará, nostálgico ...
Y yo me iré; y estaré solo, sin hogar, sin árbol
verde, sin pozo blanco,
sin cielo azul y plácido ...
Y se quedarán los pájaros cantando.

6. Traducir con el futuro simple

1. Wirst du Spanisch lernen? **2.** Wir werden bald nach Spanien reisen. **3.** Ich werde es nicht erzählen. Ich werde nichts erzählen. **4.** Wir werden alles vergessen. **5.** Werden Sie Medizin studieren? **6.** Er wird nie Geld haben. **7.** Wirst du dein Haus verkaufen? **8.** Wirst du es sagen? – Nein, ich werde es niemandem sagen. **9.** Er wird es nicht wollen. **10.** Wirst du die Arbeit machen können? **11.** Ich werde keine Gelegenheit haben. **12.** Wir werden morgen nicht ausgehen. **13.** Es wird keine Probleme geben. **14.** Ich werde ihn sofort anrufen. **15.** Ich werde es nicht wiederholen.

7. Poner las siguientes frases en futuro

1. Viajamos a América Latina. **2.** Vamos en avión. **3.** Salimos de Fráncfort. **4.** Nos acompañan al aeropuerto nuestros padres. **5.** Es un vuelo directo. **6.** Partimos el 20 de diciembre. **7.** Llevamos pocas cosas. **8.** Hacemos escala en Lisboa. **9.** Primero vamos a Venezuela. **10.** Estamos en Caracas una semana. **11.** Luego volamos a Bogotá. **12.** Pasamos allí también unos días. **13.** Nos quedamos más tiempo en Ecuador, Perú y Bolivia. **14.** Vemos Machu Picchu. **15.** Visitamos muchos lugares de interés histórico y arqueológico. **16.** Hacemos también un viaje por el río Ucayali hasta el Amazonas. **17.** Tomamos el avión de vuelta el 1 de febrero. **18.** Volvemos a Alemania con la Lufthansa. **19.** Es pleno invierno. **20.** Tenemos mucho trabajo atrasado.

8. ¿Qué habrá pasado? ¿Se habrán olvidado?

Formule suposiciones sobre acontecimientos en el pasado, utilizando el futuro compuesto

1. (ellos) tener una avería **2.** (él) tener un pinchazo **3.** acabárseles la gasolina **4.** (vosotros) estar distraídos, como siempre **5.** (ellos) reñir **6.** (yo) dejar el paraguas en la oficina **7.** (ella) amueblar el piso con mucha elegancia **8.** (ellos) suspender el partido por la lluvia **9.** seguramente, (vosotros) comprarse lo más caro **10.** (él) perder los nervios **11.** su mujer (pegarle) **12.** el perro (morderle)

9. Formule suposiciones. No querrán abrir. Habrán salido.

Dejar a los alumnos cinco minutos para preparar alguna suposición (original). Luego hacerlas leer.

1. Usted va a visitar a algunos amigos, pero nadie abre. **2.** Usted ve a una niña o a un niño que llora por la calle. **3.** Usted ve a dos obreros que se están riendo a carcajadas. **4.** Un perro corre de un lugar a otro. **5.** Una señora busca preocupada algo en su bolso. 6. Un señor que usted no conoce lo saluda muy cordialmente.

10. Ejercicio en grupos pequeños

Formar grupos de dos o tres personas y pedirles que preparen por escrito seis o siete frases en futuro sobre lo que harán **a)** después de la clase, **b)** por la tarde o por la noche, **c)** en las próximas vacaciones, **d)** en las semanas siguientes, **e)** después de haber terminado los estudios. *Naturalmente, pueden inventar. Luego hacer leer en voz alta lo que han preparado.*

11. Conjugar en el potencial simple

saludar – comer – vivir – tener – decir – poder – poner – hacer – venir – salir – querer – caber

12. Poner las siguientes frases en potencial

1. Yo no renuncio a ese dinero. **2.** Así se rompe. **3.** Así estropean los aparatos. **4.** ¿Lo compráis también vosotros **5.** Yo no se lo vendo. **6.** Eso es una tontería. **7.** Ese tipo siempre me engaña. **8.** ¿Pedís lo mismo? **9.** Yo no me burlo de esas cosas. **10.** Él descubre en seguida al ladrón. **11.** ¿Tú apruebas esa acción? **12.** ¿Comienzas a hacerlo en seguida? **13.** Yo exijo mis derechos. **14.** Nosotros no cedemos en ese punto. **15.** ¿Tú lo suspendes? **16.** No, yo lo apruebo.

13. Poner en potencial simple

1. ¿Le mandáis el paquete? **2.** Nosotros se lo devolvemos. **3.** Yo no vuelvo tan tarde. **4.** Su hermano se esfuerza más. **5.** Yo no cuento esas cosas.

6. De esa manera aumenta la producción. **7.** Así no disminuyen los problemas. **8.** Yo no tengo tanta paciencia como tú. **9.** ¿Te pones un vestido así? **10.** Yo no lo hago nunca. **11.** ¿Se lo dices? **12.** Nosotros le decimos el secreto. **13.** Seguramente no puede pagarlo. **14.** Yo no lo consigo.

14. Traducir

1. Ich würde es nehmen. **2.** Wir würden sie nicht einladen. **3.** Ich würde es nicht finden. **4.** Würdet ihr das wiederholen? **5.** Wir würden es nie tun. **6.** Ich würde nie heiraten. **7.** Würdest du ein solches Auto kaufen? **8.** Ich würde es nicht tun. **9.** Wir würden es nicht erzählen. **10.** Es wäre natürlich schön. **11.** Er würde es erreichen. **12.** Ich würde nicht damit rechnen. **13.** Dieses Geld würde mir nicht genügen. **14.** Wir würden viel mehr Zeit brauchen. **15.** Es wäre sehr nett von Ihnen. **16.** Wärest du dazu in der Lage? **17.** Ich könnte es nicht. **18.** Ich würde hier nicht rauchen. **19.** Was würdest du an seiner Stelle tun? **20.** Wir könnten die Probleme schon lösen.

15. ¿Podría venir a verme?

A Carmen le duele mucho la cabeza y tiene tos. Llama a su médico. Le responde la secretaria.

- Buenos días, señorita. Soy Carmen Salgado. Me siento bastante mal. ¿Podría venir el doctor a verme?
- Lo siento, señora Salgado, pero hoy no es posible. Tendría que venir al consultorio.
- Bien. ¿Cuándo podría ir?
- Entre las diez y las once y media.

Cuando le llega su turno, entra y saluda al doctor. El médico dice:

- Buenos días, señora Salgado. Tiene mal aspecto. ¿Qué tiene?
- Tengo tos y me duele mucho la cabeza. Tengo un poco de fiebre y siento dolores en todo el cuerpo.
- Debe de ser la gripe. Estas tabletas le harán bien. ¿Bebe usted?
- Doctor, usted sabe muy bien que yo no bebo.
- Disculpe, señora, no me refería al alcohol. Debería usted beber mucho líquido, y caminar por lo menos una hora al día.
- Lo haría con mucho gusto, pero una tiene tanto trabajo en casa ...
- Sí, es verdad. Ése es el gran problema de casi todos los pacientes.

16. Exponga con sus propias palabras el contenido del texto

17. Ejercicios sobre el potencial

1. Ich würde mit dem Zug fahren. **2.** Mit dem Autobus wäre die Reise zu lang. **3.** Sie würde zu lange dauern. **4.** Mit ihr zu reisen wäre für mich sehr angenehm. **5.** Würdest du es alleine machen? **6.** Ich würde Sie gerne begleiten, aber ausgerechnet jetzt habe ich eine Sitzung. **7.** Heute kann ich nicht, aber ich könnte eventuell am Freitag. **8.** Sogar er würde ihn verraten **9.** Ich würde dich nie betrügen! **10.** Würdest du ihn begleiten?

18. ¿Cómo se dice en español ...?

1. Ich hätte ihn nicht geschlagen! **2.** Ich würde meine Wohnung nie verkaufen! **3.** Wir hätten es nie geglaubt! **4.** Was würdest du mir empfehlen? **5.** Ich würde Ihnen raten, direkt die Geschäftsführerin anzusprechen. **6.** Ehrlich gesagt, ich würde versuchen, das Problem auf eine andere Weise zu lösen. **7.** Ich hätte es anders gemacht. **8.** Wir hätten es ihm nicht zurückgegeben.

19. Diga lo que le gustaría a usted o lo que haría

1. A él le gusta vivir en el centro. A mí, en cambio, ...
2. Yo tengo un cuarto amueblado de 15 m^2. Pero ...
3. Ellos no van nunca al cine.
4. Él no compra nunca ni libros ni discos.
5. A mis parientes no les gusta viajar.
6. Él se ha casado con una dentista millonaria, pero fea. **(Oder:)** Ella se ha casado con un arquitecto riquísimo, pero feo.
7. Ella va a ir a un concierto pop de Johnny Machote.
8. Les van a escribir una carta.
9. Los vecinos van a poner el televisor en el dormitorio.
10. De momento el chico está estudiando biología.
11. No se ha arreglado ni pintado.
12. Se ha puesto una maxifalda amarilla con rayas negras y rojas.
13. Han contado a todo el mundo lo que nosotros les habíamos dicho en secreto.

20. ¿Qué haría usted si fuera millonaria/millonario?

Dejar a los alumnos unos minutos para que preparen por escrito seis o siete frases de respuesta a la siguiente pregunta: ¿Qué haría usted o qué se compraría si fuera millonaria/millonario? *Luego hacer leer en voz alta lo que han preparado.*

21. Formar la primera persona singular y plural del indefinido

tener – estar – decir – ir – poner – traer – oír – pensar – comenzar – entender – querer – proponer – poder – hacer – recomendar – caber – comer – ver – venir – subir – saber – caer – dar – ser.

22. Formar la tercera persona plural del indefinido

estar – pensar – calentar – caer – caber – dar – hacer – ir – traer – poder – decir – hablar – ver – querer – volver – saber – tener – ser – encontrar.

23. Poner la forma adecuada del indefinido

1. Le (decir; yo) ... todo lo que sabía. **2.** ¿En cuánto tiempo (hacer; tú) ... el trabajo? **3.** Ayer (estar; nosotros) ... en el teatro. **4.** ¿Dónde (poner; vosotros) ... vuestras cosas? **5.** Las (poner; nosotros) ... sobre la mesa de la cocina. **6.** ¿Os (traer; él) ... el dinero? **7.** Nos (dar; ellos) ... una respuesta negativa. **8.** (Ser) ... para todos nosotros un momento terrible. **9.** El médico le (poner; él) ... una inyección. **10.** ¿(Haber) ... mucha gente en la conferencia? **11.** Disculpa, pero (saber; yo) ... la noticia demasiado tarde. **12.** El dinero se lo (dar; yo) ... a su padre. **13.** Por desgracia, no (poder; nosotros) ... quedarnos. **14.** El otro día (tener; ellos) ... un accidente. **15.** No (poder; yo) ... preguntarles adónde iban. **16.** Eso lo (saber; nosotros) ... después. **17.** La anciana (salir) ... a la calle cuando estaba nevando y (caerse) ... **18.** No (oír; nosotros) ... lo que (decir; ella) ... **19.** (Venir; él) ... a verme y me (contar) ... que había tenido muy mala suerte en esos negocios. **20.** (Renunciar; ellos) ... a hacerlo, porque (ver; ellos) ... que no había ninguna posibilidad de éxito.

24. Poner en indefinido

1. Los niños (cansarse) ... mucho y (ponerse) ... insoportables. **2.** Para las vacaciones no me (proponer; yo) ... nada particular. **3.** No (poder; nosotros) ... hacerlo por falta de tiempo. **4.** No lo (querer; ellos) ... vender. **5.** ¿Lo (hacer) ... tú solo? **6.** ¿Dónde (hospedarse; vosotros) ...? – (Hospedarnos) ... en casa de unos amigos. **7.** Los obreros (declararse) ... en huelga. **8.** No lo (saber; nosotros) ... a tiempo. **9.** (Venir; ellos) ... anteayer para hablar con el gerente. **10.** (Poder; él) ... hacerlo sin dificultad.

25. Ejercicio en grupos

Formar pequeños grupos de tres o de cuatro y que cuenten (por escrito) un viaje o lo que han visto en diversos lugares durante las vacaciones.

26. Formar frases según el ejemplo

tu camisa ➜ *¿Es tuya esta camisa?*

1. su sombrero **2.** sus paraguas **3.** vuestro estéreo **4.** tus casetes **5.** nuestras hojas **6.** tus apuntes **7.** tu diccionario **8.** vuestras blusas **9.** sus pañuelos **10.** tus esquís

27. Ésta es mi casa. ➜ Esta casa es la mía.

1. Éste es mi libro. **2.** Ésta es mi pluma. **3.** Éstos son mis discos. **4.** Éstas son mis maletas. **5.** Éstos son mis apuntes. **6.** Éstas son mis hojas. **7.** Éste es mi coche. **8.** Éste es mi cuarto.

28. Yo tengo mi casa. (Tú) ➜ Tú tienes la tuya.

1. Tú tienes tus discos. (Yo). **2.** Ella tiene sus cosas. (Yo). **3.** Ella tiene sus vestidos. (Tú). **4.** Vosotros tenéis vuestros libros. (Ellos). **5.** Vosotros tenéis vuestras ideas. (Nosotros). **6.** Él tiene sus intereses. (Vosotros). **7.** Ella ahorra su dinero. (Tú). **8.** Yo arreglo mi cuarto. (Vosotros). **9.** Ustedes leen sus libros. (Nosotros). **10.** Tú escuchas tus discos. (Ella)

29. Traduzca las frases con pronombres posesivos (mío...)

1. Dieses Buch gehört ihm. **2.** Gehört diese Uhr Ihnen? **3.** Nein, sie gehört nicht mir. **4.** Diese Schlüssel gehören ihnen. **5.** Diese CD gehört nicht uns. **6.** Gehört euch diese Stereoanlage? **7.** Nein, sie gehört nicht uns. **8.** Dieses Radio gehört nicht uns. **9.** Diese Bücher gehören mir. **10.** Jene Häuser gehören ihm. **11.** Dieses Gerät gehört uns. **12.** Gehört dieses Gerät dir? **13.** Nein, es gehört nicht mir, es gehört ihr. **14.** Ich glaube, sie (mask.) gehören ihnen. **15.** Das ist nicht mein Exemplar, sondern deines.

30. Traducir

1. Das ist nicht dein Buch, sondern meines. **2.** Das ist nicht mein Platz, sondern deiner. **3.** Was mein ist, ist auch dein. **4.** Das ist mein Mann. Ja wirklich, es ist meiner! **5.** Man muß jedem das Seine lassen. **6.** Er verbringt Weihnachten bei den Seinen. **7.** Hast du kein eigenes Wörterbuch? – Nein, ich benutze seins. **8.** Einer seiner Brüder ist Architekt. **9.** Das „Vaterunser“ ist ein wichtiges Gebet der Christen. **10.** Sehr geehrte Damen und Herren, hiermit möchten wir Ihnen mitteilen ... **11.** Mein Sohn, was hast du dir da bloß gedacht! **12.** Ach du lieber Gott, was ist denn das schon wieder! **13.** Du kümmerst dich um deine Angelegenheiten und ich um die meinen, ja? **14.** Kennst du José Fernández? Er ist ein sehr guter

Freund von mir. **15.** Eine Ihrer Schülerinnen hat diese Unterlagen für Sie abgegeben.

31. La América precolombina

La América precolombina, es decir, antes del descubrimiento del continente por Cristóbal Colón (1492), presentaba un aspecto muy peculiar. Las regiones más densamente pobladas eran las que forman actualmente México y Centroamérica, Ecuador, Perú y Bolivia. Al llegar a América los europeos, las culturas más importantes eran la de los mayas (en México y Guatemala), los aztecas (en México) y los incas (en el Perú, Bolivia y Ecuador). Pero anteriormente habían florecido en América otras numerosas culturas. Los aztecas y los incas tuvieron verdaderos imperios centralizados. Diversos pueblos americanos tenían grandes conocimientos astronómicos. Los mayas poseían una complicada escritura.

Llama la atención el alto nivel de organización política y social alcanzado por tales civilizaciones. Estaban en grado de asegurar un relativo bienestar a la colectividad, mediante el cultivo en común de la tierra y grandes obras de regadío. Causan impresión las enormes obras arquitectónicas que realizaron, con escasos medios, pues no conocían ni la rueda ni la bóveda, y no disponían de animales de carga, excepto la llama en los Andes.

Sobre el número de habitantes en la América precolombina se han planteado numerosas hipótesis. Se conoce con seguridad sólo el violento descenso de la población india a partir de la llegada de los europeos.

32. Preguntas sobre el texto

1. ¿Qué significa la expresión "América precolombina"? **2.** ¿Recuerda usted la fecha exacta del descubrimiento de América? **3.** ¿Qué regiones del continente estaban más pobladas cuando tuvo lugar el descubrimiento? **4.** ¿Cuáles eran las culturas indígenas más importantes? ¿Dónde se desarrollaron? **5.** ¿Fueron las únicas culturas en América? **6.** ¿Algún pueblo americano tuvo escritura? **7.** ¿Cómo lograban asegurar el bienestar de la colectividad? **8.** ¿Qué tipos de construcciones realizaron los pueblos americanos? **9.** ¿Qué se puede decir respecto a la técnica en aquellos tiempos? **10.** ¿Qué se sabe acerca de la población americana antes de la llegada de los europeos?

33. Ejercicio de redacción

Formar grupos de tres o cuatro alumnos y pedirles que redacten una pequeña anécdota o una narración en tiempos del pasado. Luego hacer leer lo que han preparado.

34. Trabajo mucho → He tenido que trabajar mucho

1. ¿Ahorras mucho? **2.** Los García llaman al médico. **3.** Hoy escribo por lo menos cinco cartas. **4.** ¿Compráis el libro? **5.** ¿Pagan mucho por esa reparación? **6.** Los vecinos venden su casa. **7.** El boxeador adelgaza tres kilos. **8.** Consultamos a un abogado acerca de la herencia. **9.** Su hermana paga cincuenta euros de multa. **10.** El señor Merino reconoce su culpa.

35. Poner el imperfecto o el indefinido, según sea necesario

1. Miguel de Cervantes (nacer) ... en Alcalá de Henares en 1547. **2.** Su padre (ser) ... un modesto cirujano. **3.** (Estudiar, él) ... en Valladolid y Sevilla. **4.** (Irse) ... a Italia en 1568. **5.** En la batalla de Lepanto (perder) ... la mano izquierda. **6.** Los turcos lo (hacer) ... prisionero en 1575.**7.** (Estar) ... cautivo en Argel durante cinco años. **8.** (Escribir) ... numerosas obras. **9.** En 1605 (publicar) ... la primera parte del Quijote. **10.** (Morir) ... en Madrid en 1616.

36. Imperfecto – indefinido

1. ¿Qué (traer, ellos) ... los invitados? **2.** Felipe (traer) ... unos discos, pero sus amigos no (traer) ... nada. **3.** Paco no (venir) ... **4.** No le (poder, nosotros) ... avisar. **5.** Pero (venir) ... su amiga. **6.** Jorge no (poder) ... venir porque (tener) ... mucho que estudiar. **7.** María Luz (traer) ... unas flores muy bonitas. **8.** Las (poner, nosotros) ... en la mesa del centro.

37. Ejercicio sobre el imperfecto y el indefinido

1. El otro día (ir, nosotros) ... a ver a Patricia. **2.** (Llamar, nosotros) ... a la puerta dos o tres veces, pero nadie (responder) ... **3.** Como la luz de la sala (estar) ... encendida, (pensar, nosotros) ... que no (querer, ella) ... abrir a nadie. **4.** Pero al marcharnos, (encontrarnos) ... con ella, que (volver) ... del centro. **5.** Siempre (dejar, ella) ... la luz encendida, porque una vez habían robado en su piso.

38. Para la conversación

1. Por favor, ¿puede decirme si aquí cerca hay una cabina telefónica? **2.** ¿En qué ocasiones la gente habla más por teléfono? **3.** Explique a un turista extranjero cómo son – en líneas generales – las tarifas telefónicas en Alemania. **4.** ¿Le parece caro el teléfono? **5.** ¿En Alemania existe monopolio de los medios de comunicación? **6.** ¿Se pueden reservar por teléfono las entradas de cine, teatro y de fútbol?

39. Traducir

– Kennen Sie diesen Herrn schon lange? – Nein, ich lernte ihn erst vor einigen Tagen kennen. Er ist sehr nett und außerdem steinreich. – Wo lernten Sie ihn denn kennen? – Also, ich wartete, wie jeden Morgen, an der Bushaltestelle. Und wie immer war es schon sehr spät. Außerdem regnete es in Strömen. Und – plötzlich landete ein Flugzeug, jener Herr schaute aus dem Fenster und sagte zu mir: Steigen Sie ein, ich bringe Sie ins Büro! – Das ist unmöglich, das glaube ich nicht!

40. Ejercicio de traducción

Herr und Frau García fuhren jedes Jahr nach Bayern, um dort in den Bergen ihre Ferien zu verbringen. Sie wohnten immer in einem sehr gemütlichen Hotel und verstanden sich sehr gut mit den Leuten. Eines Tages sagte Herr Müller, ein anderer Hotelgast, zu ihnen: „Darf ich Ihnen zwei Eintrittskarten für den Heimatabend anbieten? Dort ist es immer sehr lustig." Die Spanier nahmen die Einladung an, gingen zum Heimatabend und langweilten sich fürchterlich ...

41. Traducir al español

Carmen arbeitete in einem Geschäft. Sie war Verkäuferin. Sie mußte häufig Überstunden machen, denn ihr Chef war ein sehr schlechter Mensch. Eines Tages, jedoch, sagte sie zu ihm: „Mir reicht es jetzt! Sie sind ein unerträglicher Mensch! Sie können Ihre Arbeit alleine machen! Ich gehe jetzt! Adieu!" Und Carmen verließ das Geschäft und kehrte niemals mehr zurück.

42. ¿Quiénes son ...?

Complete las frases con las informaciones que se ofrecen en el recuadro.

1. Pablo Picasso y Salvador Dalí ...
2. "Cien años de soledad" es una novela de ...
3. Juan Ramón Jiménez es/fue ...
4. Manuel de Falla es/fue ...
5. Pablo Neruda es/fue ...
6. José Ortega y Gasset es/fue ...
7. José Martí es/fue ...
8. Pedro Calderón de la Barca es/fue ...

un poeta chileno, premio Nobel de Literatura – un célebre músico español – Gabriel García Márquez, premio Nobel de Literatura – un famoso filósofo español – un político y escritor cubano – son pintores españoles modernos – un dramaturgo español del Siglo de Oro – un poeta español, premio Nobel de Literatura

EJERCICIOS B

1. Traducir

1. Ich werde keine Zeit haben, um meine Tante zu besuchen. **2.** Er wird dir das Geld, das du ihm geliehen hast, nicht zurückgeben. **3.** Wie werden wir das Haus deines Schwagers finden? **4.** Nächsten Sonntag wirst du meine Kusine kennenlernen. **5.** Die Banken werden von 9 bis 12 Uhr vormittags öffnen.

2. Conjugar en futuro (simple y compuesto)

vuelve tarde – visitamos la exposición – preparáis la clase – comen muy tarde – me alegro – leen el periódico – no van al cine – tienen tiempo – hacen las maletas – no dice nada – os ponéis en fila – al fin entienden la lección – ¿qué es de Juan?

3. Construir con doble pronombre

A mí (no) me gusta viajar en barco.

1. La cerveza me hace engordar. **2.** El pescado frito no me gusta. **3.** Nos interesaría ese coche. **4.** Te conviene adelgazar. **5.** Le propondré un plan interesante. **6.** Os escribiré cada semana. **7.** Me parece un buen chico. **8.** Le resulta difícil decidirse. **9.** La conocí en un guateque. **10.** Nos preocupa su enfermedad.

4. Colocar en futuro y potencial (condicional)

1. Viene a visitarnos. **2.** Dice tonterías. **3.** Se pone en camino. **4.** No quiere trabajar. **5.** ¿Me puedes ayudar? **6.** ¿Tenéis todo preparado? **7.** ¿Empezáis a tiempo? **8.** Traducimos una carta. **9.** ¿Vais a Italia de vacaciones? **10.** Se oponen a nuestros planes.

5. Leer en voz alta

0; 333; 999; 771; 0,50 euros; 560 dólares; 900 pesetas; las 1.001 noches; son las 9.20; el tren sale a las 21.35; la ciudad tiene 397.500/500.000 habitantes/1.500.000 habitantes/casi 3.000.000 (habitantes); –14 °C; 20 °C; 2/3 de la población; 11 %; 0,05 0/00; 100 kg; 1 1/2 kg; 1,3 km; llame al teléfono 54 26 97; Carlos III; Alfonso X; Alfonso XIII; el siglo V; el siglo XX; Felipe IV; Fernando I; el siglo XVIII; Juan XXIII.

6. Responder empleando pronombres

Las revistas nos las regaló la kioskera.

1. ¿Quién os ha dado los libros? – (mi tío)
2. ¿Quién te prestó la bicicleta? – (la vecina)
3. ¿Quién les indicó la dirección? – (el policía)
4. ¿Quién te escribió los apuntes? – (un compañero)
5. ¿Quién le envió las flores? – (el jefe)
6. ¿Quién os dio la noticia? – (un desconocido)

7. Conjugar en futuro y condicional (tercera persona singular y plural)

hacer(te) el favor – decir(me) la verdad – tener tiempo – poner(se) la corbata – no poder trabajar – no querer ir – venir a clase – estar dispuesto – visitar a los amigos.

8. Completar

a. en pretérito

Ayer vosotros (tener) suerte / La semana pasada yo (estar) en Santander / ¿Cuándo (tú; hacer) la traducción?/ En Barcelona (producirse) un grave incendio / ¿(ponerte) el abrigo? – (decirnos) el profesor que (terminarse) los exámenes anteayer.

b. en futuro

Mañana (yo; venir) a verte; (traer) el encargo indicado; el viernes (llamarte) y (decirte) a qué hora (llegar) el tren. Dentro de un mes, todos (haber terminado) el curso, hasta entonces (tener que estudiar) todavía mucho; los exámenes (ser) bastante difíciles, pero seguramente que todos (aprobar).

9. Colocar en pretérito indefinido y en futuro

1. No hace la traducción. **2.** Nos dicen cosas agradables. **3.** ¿No tienes tiempo para acompañarme? **4.** Están bastante preocupados. **5.** ¿Te pones el abrigo? **6.** No pueden llegar a tiempo.

10. Conjugar (segunda persona singular y plural pretérito perfecto e indefinido)

ponerse los zapatos – entender la lección – hacer el trabajo – escribir una carta – decir la verdad – conducir bien – abrir la puerta – volver pronto – no poder salir – ver la tele.

11. Expresar en pretérito y futuro

es wird Tag – es wird Nacht – es schneit – es hagelt – es friert – es blitzt – es donnert – es regnet – es ist warm – es ist heiß – es ist kalt – es ist schönes Wetter – es ist früh – es ist spät.

12. Expresar en pretérito perfecto e indefinido (segunda persona singular)

romper la silla – poner la traducción en limpio – ver una película – decir algo – abrir la ventana – rehacer la redacción – descomponer la frase – recubrir las plantas – prever la catástrofe – disponer los libros.

13. Traducir

1. Wo werden die Kinder spielen? **2.** Ich werde auch die Bücher ordnen. **3.** Mit wem werden Sie die Reise machen? **4.** Würdest du es vergessen? **5.** Ich würde sagen, daß ich nicht kommen konnte. **6.** Wir werden sie finden. **7.** Sie wird bei ihrer Freundin anrufen. **8.** Könnte ich statt Kartoffeln Reis dazu haben? **9.** Ich hätte lieber ein Bier. **10.** Ich werde in meinem Zimmer sein.

14. Completar con la preposición adecuada

1. Le respondió ... voz muy alta y ... palabras muy duras. **2.** Mi madre y la tuya son ... la misma edad. **3.** Venimos ... compras; fuimos ... un comercio ... otro, pero no encontramos nada ... nuestro gusto. **4.** ¿Quieres envolver el regalo ... papel ... seda? **5.** Voy ... escribir ... unos amigos que viven ... Mallorca. **6.** Cuando pasamos ... Barcelona, nos hospedamos ... un hotel bastante céntrico y ... precios no muy exagerados. **7.** Me gusta leer libros ... técnica; ... mi cumpleaños, siempre recibo libros ... los últimos adelantos ... el sector científico. **8.** Tomaremos el avión ... París: ... allí, seguiremos ... tren ... Estrasburgo, y continuaremos el viaje ... Múnich ... el coche ... unos amigos.

15. Completar con preposiciones/adverbios

Nos trata con amabilidad/amablemente.

1. Nos saludó ... cortesía/... **2.** Trabaja ... atención/... **3.** Nos encontramos ... casualidad/... **4.** Los libros están colocados ... orden alfabético/... **5.** Lo creo ... absoluto/... **6.** Paga ... mes/... **7.** Sucedió lo peor, ... desgracia/... **8.** Lo declaró ... público/... **9.** Lo ha dicho ... intención/... **10.** Hay que pensar ... lógica/...

16. Completar con preposiciones, si es necesario

1. ¿Has visto ... mi amiga? **2.** Buscan ... una secretaria extranjera y ... dos nativas. **3.** Estoy buscando ... chófer; creo que está aquí ... compras. **4.** El ladrón robó ... un policía: ¡lo que faltaba! **5.** Cristóbal Colón descubrió ... América. **6.** Hernán Cortés conquistó ... México. **7.** ¿Estás buscando ... gato?

Lo he visto ... la calle. **8.** Los atracadores se llevaron ... cajero como rehén. **9.** No he visto nunca ... esa señorita. **10.** No sabe qué teme más: ... la enfermedad o ... la muerte.

17. Formar frases con los verbos

ir/irse – reír/reírse (de) – dormir/dormirse – comer/comerse – llamar/llamarse – prometer/prometerse – confesar/confesarse – poner/ponerse (a).

18. Formar el femenino

el espía – el varón – el padre – el joven – el yerno – el testigo – el marido – el jinete – el gallo – el suegro – el príncipe – el emperador – el duque – el poeta – el actor – el pintor – el rey – el barón – el ministro – el alcalde – el macho.

19. Formar el plural

joven – margen – esquí – tabú – papá – café – carácter – directriz – nuez – club – lord – mes – ración – árbol – ley – film – cortés – coche-cama – luz.

20. ¿Con o sin acento?

a. como/cómo

1. Responde ... te parezca. **2.** ¡... llueve! **3.** Me preguntó ... se va a la Catedral. **4.** Trabaja ... un burro. **5.** No comprendo ... hay gentes tan malas. **6.** Cuéntame ... estáis.

b. mi/mí

1. A ... no me gusta pedir nada. **2.** Te presto ... libro si lo necesitas. **3.** Esta muñeca es para ... sobrina, y el libro, para ...

c. solo/sólo

1. Iba ... por la calle. **2.** Le gusta ... la música folklórica. **3.** Ese ... de violin es fantástico. **4.** Te digo ... que no salgas ... por la noche. **5.** Con ... pensar en ello, me pongo malo. **6.** Quiere un café ... y una tostada.

d. por qué/porqué/porque

1. No sé ... llega tan tarde. **2.** Me gustaría saber el ... de su extraña conducta. **3.** No viene, ... está con gripe. **4.** ¿... gritas tanto?; ¿dices que ... nadie te escucha? El ... es muy distinto. **5.** Dime ... no respondes; ¿será ... no lo sabes?

21. El clima de España

Por su situación, el clima de España debería ser templado y suave, pero lo acusado del relieve y la influencia de determinadas corrientes marítimas motivan su diversidad. Por ello mismo, puede afirmarse que España es país de las cuatro estaciones, ya que siempre hay una región donde se puede gozar de clima suave y cálido sol o de temperaturas agradables. Basta saber elegir el lugar adecuado para cada estación.

Así, en invierno, Alicante, Murcia, Almería y Málaga ofrecen un clima excepcional, de 13 a 15° de temperatura media en los meses de enero y febrero. La primavera es muy grata en Levante y Baleares, y es excelente ocasión para visitar las ciudades andaluzas. En verano tienen fama, desde antiguo, las numerosas y buenas playas del Norte, de clima fresco y húmedo, mientras siguen siendo insuperables las playas mediterráneas.

El otoño es clásicamente apacible y templado en Madrid y en sus alrededores, así como en Barcelona; en general, toda la Península goza en este tiempo de temperaturas agradables, con días de cielo diáfano y sol brillante. Las islas Canarias ofrecen en todo tiempo un clima primaveral.

22. Preguntas sobre el texto. Responda variando las expresiones

1. ¿Cómo debería ser el clima de España, por su situación? **2.** ¿A qué se debe la diversidad del clima en España? **3.** ¿Por qué se puede afirmar que España es el país de las cuatro estaciones? **4.** ¿Qué regiones tienen temperaturas agradables durante el invierno? **5.** ¿Dónde es particularmente agradable la primavera? **6.** ¿Por qué muchos turistas (españoles y extranjeros) van en verano al norte de la Península? **7.** ¿Qué dice el texto acerca del otoño? **8.** ¿Por qué las islas Canarias atraen turistas todo el año? **9.** ¿Alguna/Alguno de ustedes ha estado ya en España? **10.** ¿Cómo era el clima cuando usted estuvo allí?

23. Ejercicios sobre los pronombres

1. Ich habe ihm nie etwas gesagt. **2.** Jemand hat angerufen. **3.** Niemand hat das gesagt. **4.** Gib mir irgendein Buch. **5.** Jedes Lexikon gibt Auskunft darüber. **6.** Er ging, ohne jemanden zu grüßen. **7.** Weder der eine, noch der andere ist gekommen. **8.** Alles was er sagt, ist wahr. **9.** Er kommt immer zu spät, was mir gar nicht gefällt. **10.** Wir wollen nach Mexiko fliegen, wofür wir sehr sparen.

24. Construir con pronombres

1. ¿Quién te dio los periódicos? - ... ... dio un amigo. **2.** Es un libro muy malo: no ... compres. **3.** Olvidé las maletas: tendrás que (mandar)... **4.** Los cuadros son muy buenos: voy a (comprar)... **5.** El huésped pidió las llaves: ¿quieres (dar)...? **6.** ¿No entienden aún la pregunta? Tendré que (explicar)... otra vez. ... ... explicaré hasta que ... entiendan. **7.** Como él no sabía lo ocurrido, ... conté detalladamente. **8.** Quiero comprar este abrigo; ¿podría Vd. (mandar)... a mi casa?

25. Colocar el verbo en la forma requerida por el sentido

1. Ayer, cuando los turistas (llegar) ... a Toledo, (ser) ... ya muy tarde; por eso, el guía (recomendarles descansar) ... primero. **2.** Mañana, los tranvías no (circular) ... normalmente, porque (haber) ... manifestaciones y muchas líneas (quedar) ... bloqueadas. **3.** En las próximas vacaciones, mi amigo y yo (recorrer) ... los Pirineos. Primero, (hospedarse) ... en un refugio próximo a Jaca, y desde allí (hacer) ... excursiones. Luego, (seguir) ... hacia Roncesvalles. (Volver) ... en tren por París, donde (detenerse) ... un par de días. **4.** Si ves a Paco, (decirle) ... que (devolverme) ... los apuntes, porque dentro de quince días (ser) ... los exámenes y (tener que estudiar) ... **5.** La discoteca, antes del incendio, (ser) ... el centro de la juventud de Pola; (tener) ... una gran sala, y siempre (haber) ... mucha gente interesante; desde que (cerrar) ..., la juventud de Pola (ir) ... a Oviedo los fines de semana.

26. Explicar el significado según la posición del adjetivo

hombre (pobre) – ciudad (grande) – amigo (viejo) – respuesta (simple) – coche (nuevo) – tres tigres (tristes) – noticias (ciertas) – piedra menuda ¡menuda piedra!

27. ¿Ser o estar?

1. ¿A cómo ... hoy los tomates? Ayer ... malos y ... caros. **2.** Como hoy ... el cumpleaños de mi madre, quiero ... todo el día con ella. **3.** Hoy ... (nosotros) mal de tiempo, porque ... a fin de mes y las traducciones ... aún por hacer. **4.** Ayer (yo) ... para salir, cuando llegó una visita. **5.** Mi primo ... de paso en Múnich; ... médico. **6.** Hoy, el jefe no ... para bromas. **7.** Ya ... hora de que te des cuenta de que (tú) ... aquí de más. **8.** La calle ... llena de gente; ... fiesta y el tiempo ... magnífico. *(¡en pretérito!)* **9.** No sé por qué no viene: ¿... por olvido? ¿... enfermo? *(¡en futuro!)* **10.** ... aún muy temprano; todo ... en silencio; ... una mañana primaveral; la vida ... una fiesta y todos ... felices *(¡en pretérito!)*.

28. Formar los sustantivos de

dulce – bello – verde – bueno – malo – inteligente – rápido – lento – oscuro – claro – hermoso – feo – grande – feliz – seco – libre – rico – pobre.

29. Completar (preposiciones)

1. Acabo ... leer un libro y voy ... empezar otro; voy ... leer la biblioteca entera. **2.** El presidente se sentó ... su sillón, nosotros nos sentamos ... la mesa y comenzó la discusión. **3.** He sacado una entrada ... la corrida ... (el) domingo. **4.** Me han llamado ... teléfono. **5.** Le mandé los libros ... correo. **6.** Le gusta dormir ... (el) aire libre. **7.** Al salir ... casa se encontró ... su amigo. **8.** ¿Has visto ... perro? **9.** Desde nuestro regreso ... vacaciones ... Múnich, no dejo ... pensar ... los amigos ... quienes visitamos. **10.** Voy ... sacar una entrada ... el estreno ... la nueva obra ... teatro.

30. Traducir

1. Ich stehe jeden Tag um 8 Uhr auf. **2.** Am Montag schiffen wir uns nach Montevideo ein. **3.** Wenn morgen schönes Wetter ist, werde ich einen Ausflug machen. **4.** Gestern erhielt ich die Nachricht von seiner Heirat. **5.** Heute morgen bin ich um 7 Uhr aufgestanden, aber gestern stand ich um 5 Uhr auf. **6.** Dieses Jahr gab es eine gute Ernte; es hat viel geregnet. **7.** Im 20. Jahrhundert wurden sehr viele Romane geschrieben. **8.** Am Sonntag war ich in Paris. **9.** Bist du schon in London gewesen? **10.** Mein Vater ist vor fünf Jahren gestorben. **11.** Es regnete, als die Gäste ins Haus kamen. **12.** Ich habe sie gesehen, als ich zur Schule ging. **13.** Während die einen weinten, lachten die anderen. **14.** Sowie es Tag geworden war, ging er fort. **15.** Als alle gegessen hatten, begaben sie sich auf die Reise.

31. Leer en voz alta

Desde las Cuevas de Altamira, en España se conserva arte magistral de todas las épocas y estilos. Los pueblos prehistóricos dejaron obras como la Dama de Elche o la Dama de Baza. De los romanos son el Acueducto de Segovia, además de templos, teatros, arcos y puentes en Mérida, Tarragona, Itálica, cerca de Sevilla, etc. Andalucía recuerda la presencia árabe en Granada, Córdoba o Sevilla, con monumentos como la Alhambra, la Mezquita, el Alcázar ...

El Camino de Santiago es una sucesión de joyas románicas, desde los Pirineos hasta el Pórtico de la Gloria en Santiago de Compostela. Hay ciudades que reúnen tesoros extraordinarios de arte, como Toledo, Salamanca, Burgos, León, Valladolid, Ávila, Barcelona, Cáceres ... ¿Quién no ha oído hablar del Museo del Prado, donde se conserva lo mejor de la pintura española: El Greco, Velázquez, Murillo, Goya ...?

32. Conversación

1. ¿Qué se conoce de los pueblos prehistóricos en España? **2.** ¿Conoce algún monumento romano en España? **3.** ¿Dónde están las Cuevas de Altamira? **4.** ¿De cuándo proceden? **5.** ¿Dónde se encuentra Itálica? **6.** ¿Qué es y dónde se sitúa el Camino de Santiago? **7.** ¿Dónde terminaba el Camino de Santiago? **8.** ¿Qué estilo es muy frecuente en las iglesias del Camino de Santiago? **9.** Nombre algunas ciudades famosas por su riqueza artística. **10.** Nombre algunos monumentos de la cultura árabe en España. **11.** ¿Qué es el Museo del Prado? **12.** ¿Qué pintores importantes conoce? **13.** ¿Cuándo vivió más o menos El Greco? **14.** ¿Sabe qué pintó Goya? **15.** ¿Y Picasso? **16.** ¿Qué pintor prefiere: Velázquez o Dalí?

33. Traducir

1. Ich bin seit 2 Wochen auf dieser Insel. **2.** Ich bin hierher gekommen, weil ich krank war. **3.** In der ersten Zeit konnte ich mich nicht an die Ruhe gewöhnen. **4.** Aber jetzt geht es mir gut. **5.** Ich mache täglich kleine Wanderungen. **6.** Manchmal fahre ich auch mit dem Boot. **7.** Der Wald ist auch herrlich! **8.** Man kann dort stundenlang gehen, ohne jemanden zu treffen. **9.** Es gibt nichts Schöneres als den Blick auf's Meer.

34. Expresar con las formas verbales adecuadas

1. Alfonso XIII (abdicar) ... en 1931 y (salir) ... de España el mismo año; (morir, él) ... en Roma; (ser) ... el abuelo del actual Rey de España. **2.** Ayer (estar; nosotros) ... en una fiesta; (divertirnos) ... mucho. **3.** La excursión (estar) ... muy divertida: (llegar; nosotros) ... a Toledo a media mañana; las calles ya (estar) ... llenas de turistas y (ser) ... casi imposible transitar por ellas; como (ser) ... domingo, (haber) ... muchos turistas de la región; además, el día (invitar) ... a salir. **4.** Todavía no (visitar; yo) ... la exposición; (decirme) ... que es muy importante, pero esta semana y la anterior no (tener, yo) ... tiempo. **5.** El hotel en que (hospedarnos) ... el año pasado en Palma (estar) ... bastante alejado de la playa, pero (resultar) ... fácil bañarse, porque (tener) ... una piscina en el parque; muchos (preferir) ... quedarse en el hotel, porque la playa (hallarse) ... abarrotada. **6.** ¿Dónde (estudiar; usted) ... español? (Hablarlo) ... muy bien.

35. Forme sustantivos de los verbos

poder – encontrar – hacer – presentar – existir – reflejar – ofrecer – proponer – hallar – dividir – leer – soñar.

36. Preposiciones

1. El avión pasó ... los tejados ... la ciudad. **2.** Tuvimos que dormir ... aire libre. **3.** El desfile pasó ... delante ... mi casa. **4.** Te doy treinta y cinco euros ... este libro. **5.** Pasó toda la noche ... una discoteca. **6.** Vamos ... jugar ... la pelota. **7.** Tiraron la basura ... la ventana. **8.** Hago este trabajo no ... el dinero, sino ... gusto. **9.** La ventana de la habitación da ... la playa. **10.** No me gusta viajar ... avión; prefiero viajar ... tren.

37. Leer

Los refranes son como la sabiduría popular condensada en una frase. En el habla corriente abundan mucho los refranes, y hasta algunas obras de la literatura española, como “El Quijote”, están llenas de ellos: Sancho Panza, a veces, emplea uno detrás de otro.

He aquí unos ejemplos; a lo mejor reconoce Vd. un refrán alemán correspondiente: “Al que madruga, Dios le ayuda”, “Poderoso caballero es don Dinero”, “Ojos que no ven, corazón que no siente”, “Las cosas de palacio van despacio”, “No es oro todo lo que reluce”, “Más vale pájaro en mano que ciento volando”.

38. Colocar la preposición

1. Este año vamos ... vacaciones ... Venecia. **2.** Los vecinos han llegado ... su viaje ... París. **3.** Debes poner los libros ... la mesa ... tenerlos ... mano. **4.** Comemos ... casa, pero cenamos fuera ... casa. **5.** Mi amigo Pepe vive ... un pueblo ... la provincia ... Alicante, cerca ... mar. **6.** El tren ... La Coruña pasa ... León ... altas horas ... la noche. **7.** La carretera ... Zamora ... Salamanca es un tramo ... la célebre “Vía ... la Plata” ... la época ... los romanos. **8.** Estoy traduciendo un libro ... inglés ... alemán; es un tratado ... Mineralogía.

39. ser – estar

1. La habitación ... muy oscura, porque no tiene ventanas. **2.** ¡Enciende la luz, porque el día ... nublado y apenas se puede leer! **3.** Nuestros amigos ... panameños. **4.** Nuestros amigos ... en Grecia. **5.** ¿De dónde ... los turistas? ¿Desde cuándo ... en el hotel? **6.** ¡Ya ... hora de empezar! **7.** ¿Qué tal ...

usted? Yo ... muy bien. **8.** ¿Por qué (tú) ... tan nervioso? ¿Todavía ... de exámenes?

40. Conjugar (2ª pers. sing. y plural en presente y pret. indef.)

1. (vivir) en el campo; **2.** (acostarse) tarde; **3.** (comer) pronto; **4.** (estar) preocupado; **5.** (hablar) despacio; **6.** (leer) con atención; **7.** (lavar) el vestido; **8.** (limpiar) los zapatos; **9.** (no tener) miedo; **10.** (esperar) en la estación; **11.** (ser) culpable; **12.** (escribir) una carta; **13.** (comprar) un paraguas; **14.** (abrir) la ventana; **15.** (ponerse) los zapatos.

41. Formar sustantivos de los verbos

comenzar – viajar – atraer – divertir(se) – alegrar(se) – ver – conducir – guiar – molestar – jugar – reír – llorar – comer – beber – leer – telefonear – mirar – oler – luchar – vivir – morir – escribir – oír – saber (a).

42. Colocar en el tiempo debido

1. El viernes pasado (yo, estar) ... en el cine; (ver) ... una película muy interesante; desde entonces no (volver) ... al cine. **2.** En marzo (empezar) ... la primera estación del año, la primavera. **3.** Después de los exámenes, (ir, yo) ... a visitar a mis padres, pero (ellos, estar) ... ausentes, y yo (volver) ... a Berlín. **4.** En 1492 (terminar) ... la Reconquista; los Reyes Católicos (conquistar) ... Granada; el mismo año Colón (descubrir) ... América. **5.** Este año (llover) ... mucho; la cosecha (ser) ... excelente. **6.** Desde que (conocer) ... a Paco, Uschi siempre (ir) ... en verano a España. **7.** Napoleón (querer) ... ocupar el territorio español para atacar a los ingleses en Portugal; pero los españoles (sublevarse) ...; así (empezar) ... la Guerra de la Independencia. **8.** El 2 de mayo de 1808 el pueblo madrileño (levantarse) ... contra los franceses que (ocupar) ... la capital.

10. KAPITEL

1. Der bejahte Imperativ (el imperativo afirmativo) der 2. Person Singular und 2. Person Plural

a. Regelmäßige Bildung der 2. Person Singular

Der bejahte Imperativ der **2. Person Singular** wird gebildet **aus den Formen der 3. Person Singular Präsens Indikativ** des entsprechenden Verbs.

INFINITIVO	**3ª persona singular del presente de indicativo**	**2ª persona singular del imperativo afirmativo**
tomar	toma	toma (nimm)
comer	come	come (iß)
escribir	escribe	escribe (schreib/e)
pensar	piensa	piensa (denk/e)
volver	vuelve	vuelve (komm zurück)
traducir	traduce	traduce (übersetz/e)

Zur näheren Bestimmung und um u.U. Verwechslungen zu vermeiden, kann das Personalpronomen **tú** hinzugefügt werden, z.B. ¡paga!, ¡paga tú! Die **meisten Formen** des bejahten Imperativs der 2. Person Singular sind **regelmäßig**. Es gibt nur wenige Ausnahmen (s. Punkt b.)

b. Unregelmäßige Formen des bejahten Imperativs der 2. Person Singular

INFINITIVO	**unregelmäßiger Imperativ der 2. Pers. Sing.**	**regelmäßiger Imperativ der 2. Person Plural**
decir	**di**	decid
hacer	**haz**	haced
ir	**ve**	id
poner	**pon**	poned
salir	**sal**	salid
ser	**sé**	sed
tener	**ten**	tened
venir	**ven**	venid

c. Der bejahte Imperativ der 2. Person Plural

wird gebildet aus dem **Stamm des Verbs + Anhängung bestimmter Endungen**.

INFINITIVO	**2ª persona plural del imperativo afirmativo**
tomar	tom-**ad**
comer	com-**ed**
escribir	escrib-**id**
pensar	pens-**ad**
volver	volv-**ed**
traducir	traduc-**id**

Nur regelmäßige Bildung. Keine Ausnahmen!

Da in den spanischensprechenden Ländern **Lateinamerikas** das Pronomen **vosotros** nicht üblich ist, werden anstatt der 2. Person Plural die Formen der **3. Person Plural** des **Subjuntivo** verwendet: z.B. coman, digan, vengan, traigan, paguen, escriban, piensen (s. Nr. 3, S. 44).

d. Bejahter Imperativ der 2. Person Singular und der 2. Person Plural bei den reflexiven Verben

An den **bejahten Imperativ** wird ebenso wie an Infinitiv und Gerund das **Reflexivpronomen stets angehängt** (Vgl. Teil I, S. 104 b). Zur Erhaltung der **richtigen** Betonung ist gegebenenfalls **Akzent** zu setzen (Vgl. Teil I, S. 125).

SINGULAR

lavarse	l**á**vate	wasch(e) dich!
atreverse	atr**é**vete	wag(e) es!
dirigirse a	dir**í**gete a	wende dich an ...!

Im Plural entfällt das ~~d~~ vor dem Pronomen **os**.

PLURAL

lavarse	**lavaos**	wascht euch!
atreverse	**atreveos**	wagt es!
dirigirse a	**dirigíos a**	wendet euch an ...!

Bei **lavaos, atreveos, marchaos, levantaos** usw. ist der Akzent nicht nötig, weil **a** und **o** starke Vokale sind und sowieso keinen Diphthong bilden. Bei **dirigíos** dagegen „bricht" der Akzent den Diphthong **io.**

Im Plural **entfällt** das **d nur** bei der **2. Person Plural** der **reflexiven Verben**! **Nicht** aber bei Anhängung anderer Pronomen an den Imperativ der 2. Person Plural: z.B. lavad el coche – **lavadlo**, etc. (vgl. Punkt e.)

e. Stellung der (verbundenen) Pronomen beim bejahten Imperativ der 2. Person Singular und Plural

An den **bejahten Imperativ** werden die **(verbundenen) Pronomen stets angehängt** (Vgl. auch Infinitiv und Gerund).

Zur Beibehaltung der ursprünglichen Betonung ist **gegebenenfalls Akzent** zu setzen. (Vgl. Teil I, S. 100 u. 125); z.B.

SINGULAR	PLURAL
tómalo tómatelo	tomadlo tomáoslo
cómelo cómetelo	comedlo coméoslo
escríbelo escríbenoslo	escribidlo escribídnoslo
dilo dímelo	decidlo decídmelo
póntelo házmelo	ponéoslo hacédmelo

2. Die Formen des Konjunktiv Präsens (el presente de subjuntivo)

a. Ableitungsregel

Die Formen des **Konjunktiv Präsens** werden immer vom Stamm der 1. Person Singular Präsens Indikativ abgeleitet;

-ar Verben erhalten die Endungen **-e, -es, -e, -emos, -éis, -en**; **-er** und **-ir** Verben die Endungen **-a, -as, -a, -amos, -áis, -an**.

b. Regelmäßige Verben auf -ar, -er, -ir

-AR VERBEN	-ER VERBEN	-IR VERBEN
tom**e**	com**a**	escrib**a**
tom**es**	com**as**	escrib**as**
tom**e**	com**a**	escrib**a**
tom**emos**	com**amos**	escrib**amos**
tom**éis**	com**áis**	escrib**áis**
tom**en**	com**an**	escrib**an**

c. Gruppenverben pensar, contar, entender, mover

Der Stamm des Präsens Indikativ der jeweiligen Form bleibt erhalten und erhält die entsprechende Konjunktivendung, d.h., wie im Präsens (vgl. Teil I, S. 132) bilden die **stammbetonten Formen einen Diphthong**, die **endungsbetonten nicht**.

PENSAR	CONTAR	ENTENDER	MOVER
p**ie**nse	c**ue**nte	ent**ie**nda	m**ue**va
p**ie**nses	c**ue**ntes	ent**ie**ndas	m**ue**vas
p**ie**nse	c**ue**nte	ent**ie**nda	m**ue**va
pens**emos**	cont**emos**	entend**amos**	mov**amos**
pens**éis**	cont**éis**	entend**áis**	mov**áis**
p**ie**ns**en**	c**ue**nt**en**	ent**ie**nd**an**	m**ue**v**an**

d. Die Ableitungsregel gilt auch für Verben, die in der 1. Person Singular Präsens Indikativ eine unregelmäßige Form bilden.

tener	**decir**	**conocer**	**traducir**
Stamm für den Konjunktiv: **teng-**	Stamm für den Konjunktiv: **dig-**	Stamm für den Konjunktiv: **conozc-**	Stamm für den Konjunktiv: **traduzc-**
ten**ga** ten**gas** ten**ga** ten**gamos** ten**gáis** ten**gan**	di**ga** di**gas** di**ga** di**gamos** di**gáis** di**gan**	cono**zca** cono**zcas** cono**zca** cono**zcamos** cono**zcáis** cono**zcan**	tradu**zca** tradu**zcas** tradu**zca** tradu**zcamos** tradu**zcáis** tradu**zcan**

Ebenso: caer – **caiga**, hacer – **haga**, poner – **ponga**, traer – **traiga**

e. Unregelmäßige Formen des Presente de Subjuntivo

Nur **sechs** Verben weichen von der Ableitungsregel (a.) ab:

dar	**estar**	**haber**	**ir**	**saber**	**ser**
dé	esté	haya	vaya	sepa	sea
des	estés	hayas	vayas	sepas	seas
dé	esté	haya	vaya	sepa	sea
demos	estemos	hayamos	vayamos	sepamos	seamos
deis	estéis	hayáis	vayáis	sepáis	seáis
den	estén	hayan	vayan	sepan	sean

Orthographische Veränderungen

Bei der Bildung des **Konjunktiv Präsens** (**presente de subjuntivo**) können – wie auch beim Indefinido (s. Teil I, S. 139) und anderen Formen – **zur Erhaltung der Aussprache** oder zur **Einhaltung orthographischer Regeln** bei **bestimmten Verben orthographische Veränderungen** auftreten.

Bei Verben auf **-gar**, **-car**, **-ger**, **-gir** zur Erhaltung der Aussprache:

pagar	**sacar**	**recoger**	**dirigir**
pa**gue**	sa**que**	reco**ja**	diri**ja**
pa**gues**	sa**ques**	reco**jas**	diri**jas**
pa**gue**	sa**que**	reco**ja**	diri**ja**
pa**guemos**	sa**quemos**	reco**jamos**	diri**jamos**
pa**guéis**	sa**quéis**	reco**jáis**	diri**jáis**
pa**guen**	sa**quen**	reco**jan**	diri**jan**

Bei Verben auf **-zar** zur Einhaltung der orthographischen Regeln **z nur vor a**, **o**, **u** (vgl. Teil I, S. 17); z.B. empezar: empi**ece**, empi**eces**, empi**ece**, emp**ecemos**, emp**ecéis**, empi**ecen**.

3. Die Verwendung des Konjunktiv Präsens als Imperativ

Mit **Ausnahme des bejahten Imperativs** der **2. Person Singular** und der **2. Person Plural** (s. S. 39–40), werden **alle bejahten und verneinten Imperativformen** mit dem **Konjunktiv Präsens** gebildet.

a. Der bejahte Imperativ (3. Person Sing. und Pl. und 1. Person Plural)

3ª persona singular = 3ª persona singular subjuntivo		**3ª persona plural = 3ª persona plural subjuntivo**
tome (Vd.)	nehmen Sie	tomen (Vds.)
coma (Vd.)	essen Sie	coman (Vds.)
escriba (Vd.)	schreiben Sie	escriban (Vds.)
diga (Vd.)	sagen Sie	digan (Vds.)
traduzca (Vd.)	übersetzen Sie	traduzcan (Vds.)
preséntese (Vd.)	stellen Sie sich vor	preséntense (Vds.)
piense (Vd.)	denken Sie	piensen (Vds.)
pague (Vd.)	zahlen Sie	paguen (Vds.)
dé (Vd.)	geben Sie	den (Vds.)

1. Person Plural

tomemos	wollen wir nehmen, laßt uns nehmen
comamos	wollen wir essen, laßt uns essen
escribamos	wollen wir schreiben, laßt uns schreiben

ebenso: digamos, traduzcamos, pensemos, demos, paguemos, etc.

Bei den **reflexiven Verben** fällt in der 1. Person Plural das **s weg**: presentemos + nos = **presentémonos**, lavemos + nos = **lavémonos**, marchemos + nos = **marchémonos**, dirijamos + nos = **dirijámonos**.

Bei **ir** wird in der **1. Person Plural nicht** die Form des **Konjunktivs (= vayamos)**, sondern der Indikativ **vamos** verwendet.

Vamos = laßt uns gehen, wollen wir gehen. **Vámonos** = wollen wir weggehen, laßt uns weggehen.

An den bejahten Imperativ werden – wie wir schon mehrmals gehört haben – **die (verbundenen) Pronomen angehängt. Gegebenenfalls** ist zur Beibehaltung der ursprünglichen Betonung **Akzent** zu setzen; z.B.

escríbalo	(schreiben Sie es!),	díganselo	(sagen Sie es ihm/ihr/ ihnen!),
escríbaselo	(schreiben Sie es ihm/ihr/ihnen!),	tomémonoslo	(nehmen wir es uns!) (das **s** fällt weg, s. oben!).
díganlo	(sagen Sie es!),		

b. Der verneinte Imperativ (alle Personen)

2. Pers. Sing.	no tomes	nimm nicht!
2. Pers. Plural	no toméis	nehmt nicht!
3. Pers. Sing.	no tome (Vd.)	nehmen Sie nicht!
3. Pers. Plural	no tomen (Vds.)	nehmen Sie nicht!
1. Pers. Plural	no comamos	laßt uns nicht essen!

Beim verneinten Imperativ werden die Pronomen vorangestellt. Das gilt sowohl für das **Reflexivpronomen** als auch für **alle anderen (verbundenen) Pronomen**: lávate – no te laves, lavaos – no os lavéis, levántese – no se levante, levántense – no se levanten, escríbenoslo – no nos lo escribas, escribídsela – no se la escribáis, dígaselo – no se lo diga, tradúzcanmelo – no me lo traduzcan.

c. TABELLARISCHE ÜBERSICHT BEJAHTE UND VERNEINTE IMPERATIVE

SINGULAR

2. PERS. POS.	2. PERS. NEG.	3. PERS. POS.	3. PERS. NEG.
toma	no tomes	tome	no tome
come	no comas	coma	no coma
sube	no subas	suba	no suba
lávate	no te laves	lávese	no se lave
piensa	no pienses	piense	no piense
traduce	no traduzcas	traduzca	no traduzca
oye	no oigas	oiga	no oiga

PLURAL

2. PERS. POS.	2. PERS. NEG.	3. PERS. POS.	3. PERS. NEG.
tomad	no toméis	tomen	no tomen
comed	no comáis	coman	no coman
subid	no subáis	suban	no suban
lavaos	no os lavéis	lávense	no se laven
pensad	no penséis	piensen	no piensen
traducir	no traduzcáis	traduzcan	no traduzcan
oíd	no oigáis	oigan	no oigan

1. PERSON PLURAL

1. PERSON PLURAL POS.	1. PERSON PLURAL NEG.
tomemos	no tomemos
comamos	no comamos
subamos	no subamos
lavémonos	no nos lavemos
pensemos	no pensemos
traduzcamos	no traduzcamos
oigamos	no oigamos

EJERCICIOS A

1. Formar la segunda persona singular o plural del imperativo

¿Por qué no tomas el dinero? ➜ Toma el dinero.

1. ¿Por qué no tomáis la sopa? **2.** ¿Por qué no traes las revistas? **3.** ¿Por qué no compras el pan? **4.** ¿Por qué no traéis el diccionario? **5.** ¿Por qué no sales un rato? **6.** ¿Por qué no salís a la calle? **7.** ¿Por qué no haces el trabajo? **8.** ¿Por qué no escribís el tema? **9.** ¿Por qué no hacéis la cama? **10.** ¿Por qué no pones tus libros en su sitio? **11.** ¿Por qué no ponéis las cosas en orden? **12.** ¿Por qué no escribes la carta?

2. Traducir

1. Habt Geduld! **2.** Arbeite etwas mehr! **3.** Schau mal! **4.** Arbeitet auch morgen! **5.** Sei höflich! **6.** Kommt zum Essen! **7.** Sei ehrlich! **8.** Seid pünktlich! **9.** Schlaft ruhig! **10.** Sei ruhig! **11.** Laß etwas Zeit vergehen! **12.** Ladet auch die Mädchen ein! **13.** Also mach du das Essen! **14.** Lauf nur! **15.** Nimm doch einen Stuhl! **16.** Vergeßt alles! **17.** Wasche bitte auch die Hemden! **18.** Lernt auch das letzte Kapitel! **19.** Mache die Schulaufgaben regelmäßig! **20.** Stelle die Bücher an ihren Platz!

3. Traducir

Pilar hat heute keine Lust, zum Einkaufen zu gehen. Sie sagt zu ihrem Mann: „Hör mal, Pablo, ich habe Kopfschmerzen. Deshalb kann ich nicht zum Einkaufen gehen, und ich kann auch nicht kochen (= das Essen nicht zubereiten). Hier hast du die Liste. Nimm sie!" Pablo kennt seine Frau recht gut und weiß, daß sie nicht die Wahrheit sagt. Deshalb schreit er: „Das glaube ich nicht! Du hast keine Kopfschmerzen. Du bist sehr faul! Ich arbeite, verdiene das Geld, und jetzt willst du mir nicht einmal mehr etwas zu essen geben. So eine Unverschämtheit! Ich werde auch nicht zum Einkaufen gehen! Gestern mußte ich das ganze Haus putzen, vorige Woche habe ich die Wäsche gewaschen und gebügelt. Mir reicht es jetzt! Such dir einen anderen Dummkopf! Ich fahre nach Amerika und werde mein Leben endlich genießen." Und Pablo verläßt das Haus. Pilar macht sich keine Sorgen. Auch sie kennt ihren Mann. In einer halben Stunde wird er mit dem gefüllten Einkaufskorb zurückkommen und das Essen zubereiten – so wie er es fast immer macht ...

4. Ejercicios sobre el imperativo

¿Por qué no te lo pones? → Póntelo.

1. ¿Por qué no se los das? **2.** ¿Por qué no se las prestas? **3.** ¿Por qué no te lo quitas? **4.** ¿Por qué no os lo ponéis? **5.** ¿Por qué no os quedáis? **6.** ¿Por qué no os lo quitáis? **7.** ¿Por qué no te las llevas? **8.** ¿Por qué no se lo dices? **9.** ¿Por qué no se la contáis? **10.** ¿Por qué no os decidís? **11.** ¿Por qué no se la devolvéis? **12.** ¿Por qué no se lo decís?

5. Traducir

1. Wasch dich! **2.** Wascht euch! **3.** Wasch dir die Hände und das Gesicht! **4.** Kauf es mir! **5.** Kauft es! **6.** Entscheide dich! **7.** Geh weg! **8.** Bring sie mir bitte! **9.** Kauft es mir! **10.** Gib mir das Buch! **11.** Gebt mir das Spielzeug! **12.** Sag ihm die Wahrheit! **13.** Sag sie ihm! **14.** Hör, was er sagt! **15.** Hört, was wir erzählen! **16.** Geht ins Wohnzimmer hinauf! **17.** Geht in den Keller hinunter! **18.** Verkauf es mir! **19.** Schau sie an! **20.** Erzähl mir bitte, was passiert ist! **21.** Denkt daran! **22.** Seid vorsichtig! **23.** Glaub mir! **24.** Öffne mir bitte die Tür! **25.** Hilf mir bitte bei der Arbeit! **26.** Bringt es mir!

6. Traducir

1. Schreib die Postkarten! **2.** Warum soll ich sie schreiben? **3.** Schreib du sie! **4.** Bezahlen Sie die Rechnungen! **5.** Warum soll ich sie bezahlen? **6.** Bezahlen Sie sie! **7.** Ruf die Polizei! **8.** Warum soll ich sie rufen? **9.** Ruf du sie!

7. Formar la primera persona singular del presente de subjuntivo

vivir – desear – creer – esperar – trabajar – discutir – entrar – interrumpir – aumentar – comprar – correr – terminar – leer – recibir – partir – disculpar – comprender – llamar – subir – saber – ser – tener – poner – poder.

8. Formar la primera persona plural del presente de subjuntivo

desear – escribir – creer – viajar – invitar – perdonar – pasar – interrumpir – pasear – descubrir – deber – sorprender – permitir – responder – cubrir – correr – bajar – llamar – recibir – leer – caer – traer.

9. Formar la tercera persona plural del presente de subjuntivo

pensar – costar – empezar – pagar – comunicar – entender – estar – decir – tener – conocer – traducir – oír – traer – hacer – ser – salir – poner – sacar – dirigir – coger – mover – contar – saber – volver – haber – ir – dar – hablar – correr – escribir – venir.

10. Formar frases en imperativo según el modelo

No llega puntual. ➜ *Llegue usted puntual.*

1. No toman este dinero. **2.** No escribe la carta. **3.** No responden. **4.** No suben las persianas. **5.** No apunta lo que dice el jefe. **6.** No enseñan los libros. **7.** No ahorran. **8.** No estudia. **9.** No regresa pronto. **10.** No compra la casa.

11. ¿Por qué no contesta Vd.? ➜ Conteste Vd.

1. ¿Por qué no suben al despacho? **2.** ¿Por qué no piensa en ese asunto? **3.** ¿Por qué no tiene paciencia? **4.** ¿Por qué no vuelve allá? **5.** ¿Por qué no reflexiona un poco? **6.** ¿Por qué no responden? **7.** ¿Por qué no ponen los muebles en su sitio?

12. ¿Por qué no escriben la carta? ➜ Escríbanla.

1. ¿Por qué no leen esa novela? **2.** ¿Por qué no trae los discos? **3.** ¿Por qué no devuelven el aparato? **4.** ¿Por qué no visita el museo? **5.** ¿Por qué no dice la verdad? **6.** ¿Por qué no hace el trabajo? **7.** ¿Por qué no enciende la radio? **8.** ¿Por qué no apagan la luz? **9.** ¿Por qué no entiende la situación? **10.** ¿Por qué no atraviesa la calle?

13. ¿Por qué no nos quedamos? ➜ Quedémonos.

1. ¿Por qué no nos sentamos? **2.** ¿Por qué no nos lo bebemos? **3.** ¿Por qué no nos marchamos? **4.** ¿Por qué no nos lo quitamos? **5.** ¿Por qué no nos levantamos? **6.** ¿Por qué no nos vamos? **7.** ¿Por qué no nos presentamos a la directora? **8.** ¿Por qué no nos dirigimos al Sr. Enciso?

14. Traducir

1. Schweigen Sie (Vds.)! **2.** Bitte, nehmen Sie Platz (Vd.)! **3.** Steh auf, es ist schon spät! **4.** Lesen Sie bitte diesen Satz, Fräulein Ruiz! **5.** Arbeitet etwas mehr! **6.** Rufen Sie den Arzt an (Vds.)! **7.** Schreibt endlich den Eltern! **8.** Essen Sie doch bitte (Vds.)! **9.** Steht auf, wascht euch die Hände, und kommt zum Essen! **10.** Stehen Sie auf, waschen Sie sich die Hände, und essen Sie (Vds.)! **11.** Öffnen Sie das Fenster. Öffnen Sie es!

15. ¿Cómo se dice en español ...?

1. Holen Sie Ihre Bücher hervor, und öffnen Sie sie (Vds.)! **2.** Zahlen Sie endlich die Rechnung! **3.** Wenden Sie sich an Herrn Suárez. Er weiß es. **4.** Steigen Sie in den Bus Nr. 51; die Haltestelle ist hier. **5.** Ich gebe Ihnen das Geld. Nehmen Sie es! **6.** Es ist wahr. Glauben Sie es! **7.** Erklären Sie mir bitte diesen Satz! **8.** Bringen Sie die Koffer zum Taxi! **9.** Kommt morgen wieder! **10.** Bitte, beginnen Sie! **11.** Nein, laßt uns aufhören. **12.** Gehen wir nach Hause!

16. Ponga los tiempos correspondientes

1. Señorita, por favor, (venir; usted) ... para escribir al dictado. **2.** Pero antes (hacerme; usted) ... un café, por favor. **3.** (Abrir; usted) ... las ventanas y (ventilar) ... un poco la oficina. **4.** (Llamar; usted) ... en seguida a la empresa Fénix y (decirles) ... que me (mandar; ellos) ... la factura. **5.** Ah, y no se (olvidar; usted) ... de regar las plantas y de ordenar los armarios. **6.** (Sacar; usted) ... en seguida quinientas copias de mi última circular. **7.** ¿Ya (estar) ... listo mi café? **8.** ¡Qué amable (ser) ... usted, señorita!

17. Ejercicios sobre el imperativo negativo

Tómalo ➜ *No lo tomes. Tomadlo* ➜ *No lo toméis.*

1. Dilo. **2.** Préstalo. **3.** Escríbela. **4.** Léela. **5.** Créelo. **6.** Devuélvela. **7.** Véndelo. **8.** Cómpralos. **9.** Regálala. **10.** Llámalas. **11.** Traedlos. **12.** Saludadlos. **13.** Ponedlo aquí. **14.** Encendedlos. **15.** Buscadlas. **16.** Comedlo. **17.** Bebedlas. **18.** Decidíos. **19.** Proponedlo. **20.** Lavadlas.

18. Traducir

1. Erzähl es ihm nicht! **2.** Repariere den Motor nicht! **3.** Nimm die Koffer nicht! **4.** Kommt nicht so spät! **5.** Sagt es nicht! **6.** Sagt es ihnen nicht! **7.** Sag nichts! **8.** Sag ihr nichts! **9.** Geht heute nicht aus! **10.** Arbeite nicht so viel! **11.** Spart nicht so viel! **12.** Sucht keine Ausrede! **13.** Such ihn nicht mehr! **14.** Trink nicht so viel! **15.** Schau sie nicht an! **16.** Rühr mich nicht an! **17.** Vergiß es nicht! **18.** Macht nicht immer dasselbe! **19.** Schau nicht so! **20.** Tu das nicht!

19. Sustituir el acusativo con pronombres

1. Ponte las zapatillas. **2.** Poneos el abrigo, por favor. **3.** Córtate el pelo. **4.** Córtense el pelo. **5.** Dame el dinero. **6.** Coged el dinero y marchaos. **7.** Saluda a sus hermanos. **8.** Enséñame tu casa, si no tienes prisa. **9.** Sacadnos las entradas cuanto antes. **10.** Escríbeles una carta, si te parece bien. **11.** Lávate los dientes en seguida. **12.** Lavaos las manos y venid a comer. **13.** Devuélveme el paraguas. **14.** Denme las traducciones. **15.** Tráeme el periódico, si te es posible. **16.** Tráigame una cerveza, por favor. **17.** Dile tu apellido. **18.** Poneos la bufanda. **19.** Cómprales un helado. **20.** Apaguen la luz al salir.

20. Imperativo afirmativo

No lo toméis → Tomadlo.

1. No los invites. **2.** No la saludes. **3.** No lo preparéis. **4.** No los traigas. **5.** No lo hagáis. **6.** No lo tratéis así. **7.** No la exijas. **8.** No las pongas allí. **9.** No las mováis. **10.** No los busques. **11.** No lo recibas. **12.** No lo expliquéis. **13.** No lo propongas. **14.** No las hagas. **15.** No habléis de eso.

21. Una llamada telefónica

Jorge Iturrizaga ha tenido una pequeña "reunión de trabajo" con unos colegas, que ha terminado en un bar. Como no está acostumbrado a beber, se ha puesto hablador y optimista, y las horas han volado sin darse cuenta. Poco a poco se marchan sus amigos, y él se queda solo en el bar. Al levantarse de la mesa, las piernas no lo sostienen, y le parece que el mundo ha empezado a girar en otra dirección. Es el último parroquiano del bar, y cuando sale él, el dueño cierra el local y se va a dormir. Ya en la calle, piensa que debe telefonear a su mujer. Entra en una cabina telefónica, saca del bolsillo una moneda y trata de meterla en la ranura. Pero probablemente también la ranura se mueve mucho y la moneda cae al suelo. La cabina está oscura y Jorge tiene que buscar la moneda por los rincones. Finalmente la encuentra y, triunfante, la introduce en la ranura. Levanta el auricular y marca en el disco el número de su casa: el 214548. El teléfono suena medio minuto y finalmente contestan. Jorge dice, lleno de inesperado cariño:

– Hola, amor ...

Pero la voz enfurecida de un hombre lo manda al diablo. Marca de nuevo con todo cuidado, pero voces malhumoradas le responden:

– Equivocado ...

Cuando, finalmente, se comunica con su mujer, pregunta prudentemente:

– ¿Con quién hablo?

Entonces, su mujer, creyendo que alguien hace bromas pesadas a altas horas de la noche, cuelga sin pronunciar una sola palabra. A Jorge no le queda más remedio que renunciar a nuevas llamadas, y en un taxi llega a su casa a las tres y media de la madrugada. Felizmente es sábado.

Contar con las propias palabras el contenido del texto.

22. Completar

1. ... mañana tenemos una reunión ... trabajo. **2.** La sesión ... lugar el martes próximo. **3.** El examen ... dentro ... dos semanas. **4.** No ... acostumbrado ... beber. **5.** ... reunimos ... la sala 22. **6.** ¿... nos vemos? **7.** ... levantarse, las piernas no ... sostienen, ... ha bebido demasiado. **8.** El dueño ... bar ... va ... dormir. **9.** ... salir, apagad ... luz. **10.** Tengo que llamar a mi mujer, ... decirle que llego ... tarde. **11.** ... bebemos un poco, todo ... parece diferente. **12.** Tengo que hacer una ... urgente.

23. Leer en voz alta y traducir al alemán

1. Desearía hablar con el Sr. Martínez. **2.** Por favor, póngame con la Sra. Molina. **3.** ¿De parte de quién? **4.** Equivocado. **5.** Has marcado equivocado. **6.** Ha colgado. **7.** ¡No cuelgue! **8.** ¡Al aparato! **9.** ¿Dónde está la guía de teléfonos/el listín telefónico? **10.** Está comunicando. Está ocupado. **11.** ¿Tienes contestador automático? **12.** ¿Puedes prestarme tu (teléfono) móvil? **13.** ¿Ya tienes Internet? **14.** Rosita me acaba de mandar un "emilio".

24. Traducir

1. Hast du schon Pilar angerufen? **2.** Nein, noch nicht. **3.** Ich will nicht mit ihr sprechen. **4.** Ist Pilar zu Hause? – Nein, sie ist noch nicht da. **5.** Gott sei Dank! **6.** Verbinden Sie mich bitte mit Herrn Toledo. **7.** Bleiben Sie am Apparat! **8.** Am Apparat. **9.** Mit wem wollen Sie sprechen? **10.** Falsch verbunden. **11.** Du hast dich verwählt. **12.** Sie/Er hat aufgelegt. Blöde Kuh!/Blöder Hund! **13.** Wo ist das Telefonbuch? – Hier unter den Tellern. **14.** Die Münze liegt dort, in der Ecke. **15.** Wo ist eine Telefonzelle? **16.** Dort, am Ende der Straße. **17.** Sie legt auf, ohne etwas zu sagen. **18.** Ich möchte auch mit ihr sprechen. **19.** Entschuldigen Sie! Ich habe mich verwählt. **20.** Weißt du, wo ich eine Telefonkarte kaufen kann? – Dort drüben.

25. Traducir

1. Letzte Woche haben wir eine Sitzung gehabt. **2.** Sie fand in der „Schwarzen Katze" statt. **3.** Hast du sie schon angerufen? **4.** Ich werde sie nicht mehr anrufen. **5.** Ich bin nicht gewohnt zu trinken. **6.** Ich habe einen schwachen Magen: ich trinke nur Wodka, Kognak und Whisky. **7.** Er ist gewohnt, viel zum Frühstück zu essen. **8.** Der Wein ist mir zu Kopf gestiegen. **9.** Er ist sehr optimistisch geworden. **10.** Wir werden es nach und nach machen. **11.** Seine Freunde sind weggegangen. **12.** Sind Sie allein geblieben? **13.** Er ist im Kabarett allein geblieben: leider ist er vollkommen betrunken. **14.** Sie merken nichts. **15.** Haben Sie es bemerkt? **16.** Ich suche eine Telefonzelle. **17.** Hast du eine Telefonkarte? **18.** Die Münze fällt zu Boden. **19.** Er macht immer dumme Scherze. **20.** Herr González und sein Kollege müssen auf neue Anrufe verzichten. **21.** Ich frage mich, wer alle diese Leute unterstützt.

26. El alfabeto español deletreado

A Antonio – **B** Barcelona – **C** Carmen – **CH** Chocolate – **D** Dolores – **E** Enrique – **F** Francia – **G** Gerona – **H** Historia – **I** Inés – **J** José – **K** Kilo – **L** Lorenzo – **LL** Llobregat – **M** Madrid – **N** Navarra – **Ñ** Ñoño – **O** Oviedo – **P** París – **Q** Querido – **R** Ramón – **S** Sábado – **T** Tarragona – **U** Ulises – **V** Valencia – **W** Washington – **X** Xiquena – **Y** Yagüe – **Z** Zaragoza

Deletree los siguientes nombres: Goyenechea, Martensen, Girardi, Soukup, Echevarría, Ibáñez.

27. Ponga los tiempos correspondientes del pasado

1. – Cuando yo (ser) ... joven, (fumar)... mucho. **2.** Pero a los veintitrés años (dejar; yo) ... de fumar. **3.** – ¿Y cómo (dejar) ... usted el tabaco? **4.** – Pues simplemente de miedo. Yo (tener) ... la costumbre de fumar en la cama, mientras (leer) ... **5.** Pero un día me (quedar) ... dormido con el cigarrillo encendido. **6.** Al día siguiente, (encontrar; yo) ... la colilla al lado de la cama. **7.** (Asustarme) ... mucho, porque el cuarto (estar) ... lleno de libros y de discos, y se (poder) ... haber incendiado fácilmente. **8.** Desde ese día no (fumar; yo) ... más.

28. Imperfecto – indefinido – pluscuamperfecto

Ella se (haber) ... levantado temprano, porque (tener) ... mucho que hacer, pero el día ya (empezar) ... mal; como (ser) ... invierno y (hacer) ... mucho frío, el agua (helarse) ... en las tuberías y no (poder; ella) ... lavarse; (tener) ... que renunciar al café y al desayuno; se le (romper) ... una taza porque (estar; ella) ... muy nerviosa, y (salir) ... a la calle mucho más tarde de lo que (querer) ...

29. El español de América

El español de América presenta notables diferencias con el español peninsular, sobre todo en la pronunciación y en el léxico. El fenómeno más característico es que en Hispanoamérica no se pronuncia la zeta: la **zeta** se pronuncia como **ese**. El yeísmo, por el contrario, se da tanto en España como en Hispanoamérica. El yeísmo consiste en pronunciar la **elle** como **ye**: por ejemplo, calle = (caye), Sevilla = (Seviya).

Llama la atención el hecho de que en Hispanoamérica **vosotros** y la correspondiente forma verbal sólo se utilizan en ocasiones retóricas. A los niños, pues, se les trata de **ustedes**, pero en un discurso se les dice: "Vosotros sois la esperanza de la patria".

Es general también el uso de **lo** y **los** para el acusativo masculino, tanto para cosas como para personas: "lo amo", "los invito". El arcaísmo **vos**, en lugar de **tú**, y aun formas verbales propias, son corrientes en Argentina, Uruguay, Paraguay, América Central, y en algunas zonas de otros países.

En América se constata una gran vitalidad de los diminutivos y de otros sufijos. Pero no se debe pensar que su uso sea casual o arbitrario. A menudo constituyen un ofrecimiento de amistad o una señal de interés personal y de simpatía.

Las mayores diferencias con el español peninsular se encuentran en el sector del léxico. Pero en este punto hay también dificultades de comprensión con hispanoamericanos de otras regiones, a pesar de que todos se entienden sin problemas en el nivel del "español escrito".

Son muy contados los "americanismos" propiamente dichos, es decir, que sean generales en toda Hispanoamérica.

30. Preguntas sobre el texto

1. ¿Qué diferencias más notables ha observado usted en la pronunciación de los españoles y de los latinoamericanos? **2.** ¿Qué significa "yeísmo"? **3.** ¿Es el yeísmo un fenómeno lingüístico típicamente hispanoamericano? **4.** ¿Qué diferencias existen en el uso de las formas verbales y de los pronombres? **5.** ¿En qué casos se usa la partícula **le** en España? **6.** ¿Dónde se usa la forma **vos**? ¿Qué sentido tiene? **7.** ¿Qué significa "arcaísmo"? **8.** ¿Se pueden usar los diminutivos de cualquier manera y en cualquier ocasión? **9.** ¿Cuál es la terminación de diminutivo más frecuente? **10.** ¿Dónde se encuentran las mayores diferencias con el español peninsular? **11.** ¿Se pueden entender todos los españoles y latinoamericanos sin dificultad? **12.** ¿Conoce algún americanismo? ¿Cómo se dice en España?

31. Imperfecto – indefinido – pluscuamperfecto

1. El otro día (tener; nosotros) ... visita. **2.** (Ser) ... unos amigos de Berlín, que (querer) ... conocer la ciudad. **3.** No (estar; ellos) ... nunca aquí. **4.** Primero (ir; ellos) ... al centro y (visitar) ... los lugares más interesantes. **5.** Luego (volver; ellos) ... a casa. **6.** Mientras tanto, mi mujer (preparar) ... la comida. **7.** Nos (contar; ellos) ... muchas cosas de su vida en Berlín. **8.** Antes (vivir; ellos) ... en Bielefeld, y (trasladarse) ... a Berlín cuando (nacer) ... su primer hijo.

32. Ponga los tiempos correspondientes del pasado

– ¿Cómo (ser) ... la excursión el otro día? – Muy bonita. (Salir; nosotros) ... a las cinco de la mañana. (Ir; nosotros) ... en un autocar muy cómodo. Después de dos horas de camino (detenernos) ... en un pueblo para tomar algo. Luego (seguir; nosotros) ... viaje y (empezar) ... a subir a las montañas. El paisaje (ser) ... maravilloso pero (hacer) ... un poco de frío. Felizmente (haber; nosotros) ... llevado bastante café y algo de licor. (Visitar; nosotros) ... varios pueblos típicos de la región. (Comer; nosotros) ... a las once y media, porque (morirnos) ... de hambre. Luego (descansar) ... un poco, (jugar) ... y (conversar) ... y (partir) ... de regreso a las seis de la tarde.

el paisaje = die Landschaft

descansar = ausruhen

EJERCICIOS B

1. Expresar en imperativo, 2ª persona sing. y pl. (afirm. y neg.)

1. leer las palabras **2.** dar el libro **3.** escribir una carta **4.** decir la verdad **5.** hacer las maletas **6.** hablar alto **7.** cerrar las ventanas **8.** abrir la puerta **9.** empezar a trabajar **10.** traducir la lectura **11.** poner en limpio **12.** devolver el libro

2. Expresar en pretérito perfecto y dar diversas respuestas

1. ¿Cuándo va Vd.? **2.** ¿A qué hora se levanta Vd.? **3.** ¿Qué no le gusta en clase? **4.** ¿Desayunas tarde? **5.** ¿Nos esperáis al terminar la clase? **6.** ¿Dónde están los turistas japoneses? **7.** ¿Les agrada el programa? **8.** ¿Desde cuándo esperáis? **9.** ¿Para quién trae las flores? **10.** ¿De qué habláis?

3. Traducir

1. Wie lange willst du auf Mallorca bleiben? **2.** Warum kommst du nicht früher zurück? **3.** Wer sind diese Herren? **4.** Wer ist dein Bruder? **5.** Wie spät ist es? **6.** Wo arbeiten Sie? **7.** Wieviele Personen arbeiten in der Fabrik? **8.** Was für ein Buch liest du? **9.** Woher hast du die Nachrichten? **10.** Wann kommt deine Schwester zurück?

4. Leer los números

0,29; 135; 1.001; 250 dólares; 260 pesetas; 486 personas; 1.590 marcos; −17°; +8°; 24,55; 110,5; 33,3; 901; 210 libros; 210 euros; 0,57; 333; 100 kilos; 124 kilómetros; 1 1/2 kilos; 2/3; 3/4; son las 8.45; el tren sale a las 23.47; el siglo XVII; Carlos V; el día 21-6-1956.

5. Traducir

1. Ich brauche Briefmarken. Hast du welche? **2.** Ich habe noch drei. **3.** Gib mir eine! **4.** Du hast mir nur eine Karte gegeben. **5.** Ich gebe dir noch eine. **6.** Erinnerst du dich daran?

6. Traducir

1. Ich habe es aus Freundschaft getan. **2.** Wir haben uns seit zehn Jahren nicht gesehen. **3.** Wir waren während der Ferien in Sevilla. **4.** Die Schalter sind ab 8 Uhr für das Publikum geöffnet. **5.** Die Herrschaften sind nicht zu Hause. **6.** Was ich gerade sagte, hat keine Bedeutung. **7.** Vor vier Jahren machten wir eine Reise nach Italien. **8.** Ich schrieb drei Zeilen an meine Eltern.

7. Reemplazar por pronombres las palabras subrayadas

1. Daré las llaves al portero. **2.** Esperan a sus tíos. **3.** Mandaremos los regalos a los alumnos. **4.** ¡Da las traducciones a la secretaria! **5.** ¿Puedes explicar este asunto a mi padre? **6.** El camarero sirve el postre a los clientes. **7.** ¿Llevaréis las cartas a mi primo? **8.** La madre compró los juguetes para los niños. **9.** ¡Trae los libros para los estudiantes! **10.** Escriben una carta a sus padres.

8. Traducir y continuar la frase en español

Kurz darauf ... Manchmal ... Von Jahr zu Jahr ... Selten ... Ab und zu ... Von jetzt an ... Ab heute ... Niemals ... Nie ... Nichts ... Niemand ... Kein Mensch ... Nirgends ... Alle ... Es wird gebeten ... Ich frage mich, ob ...

9. Traducir

1. Wir haben schon viel Verspätung. **2.** Ist Lola fertig? **3.** Wir wohnen nicht bei unseren Eltern; wo wohnen Sie? **4.** Am Nachmittag sind die Straßen der Stadt sehr belebt. **5.** Spanien ist heute ein teures Land, fast so teuer wie Deutschland. **6.** Mein Freund ist aus Sevilla, seine Freundin ist aus Santander. **7.** Meine Schwester heiratet übermorgen. **8.** Wenn ich aufstehe, ist es noch dunkel. **9.** Wirst du schon müde? **10.** Wir bleiben nicht hier, wir fahren weiter.

10. Formar mandatos y prohibiciones (con Vd. y Vds.)

Acompañar a los amigos – tomar el tranvía – llegar a tiempo – dar dinero – trabajar más – comprar el libro – hablar español – leer despacio – terminar la traducción – comer despacio – abrir la ventana – poner el abrigo en la percha – avisar al médico – recomendar al amigo – negar lo ocurrido – pensar en el proyecto.

11. Traducir (preposiciones)

1. Ich werde dir aus Toledo schreiben. **2.** Das Mädchen mit den blauen Augen ist sehr lustig. **3.** Die Stadt Reus liegt in der Provinz Tarragona. **4.** Wohnt Pedro bei dir? **5.** Wohnt eure Tochter noch bei euch? **6.** Bei diesem Wetter hat niemand Lust, spazieren zu gehen. **7.** Mein Vetter will durch ganz Europa reisen. **8.** Morgen fliege ich nach Caracas. **9.** Dieses Geschäft liegt hinter dem Rathaus. **10.** Vor unserem Haus parken viele Autos. **11.** Um nach Zamora zu fahren müssen wir einen anderen Weg nehmen.

12. Poner los tiempos correspondientes del pasado

1. El domingo pasado (estar; nosotros) ... en un restaurante. **2.** El ambiente (ser) ... muy agradable. **3.** De repente (entrar) ... dos hombres enmascarados y armados. **4.** Uno de ellos (llevar) ... un traje negro y una bufanda verde. **5.** El otro (tener) ... tejanos y una chaqueta de cuero. **6.** (Apuntar) ... contra las personas que (estar) ... más cerca. **7.** Uno de los asaltantes (hacer) ... abrir la caja y (sacar) ... todos los billetes grandes. **8.** Como (encontrar; ellos) ... suficiente dinero, (dejar) ... de hablar y de maldecir. **9.** (Obligar; ellos) ... al dueño del restaurante a llamar un taxi. **10.** Cuando (llegar) ... el taxi, (marcharse, ellos) ... deprisa. **11.** Felizmente no le (suceder) ... nada a nadie. **12.** Pero todos (llevarse) ... un susto tremendo.

13. Traducir

1. Er kam vor zwei Wochen an. **2.** Er kam vor dem 1. Mai in Barcelona an. **3.** Er ist seit Juli in Valencia. **4.** Er ist seit seinem Geburtstag dort. **5.** Er ist seit vier Tagen dort. **6.** Vor dem Frühstück kauft er eine Zeitung. **7.** Vor dem Kiosk trifft er seinen Freund. **8.** Er ist vor 20 Minuten weggegangen.

14. Traducir

1. Trinken Sie (nicht)! **2.** Sprechen Sie (nicht)! **3.** Lassen Sie das! **4.** Lade deine Freundin (nicht) ein! **5.** Nimm die Einladung (nicht) an! **6.** Warten Sie (nicht)! **7.** Iß nicht so viel! **8.** Lassen Sie sie nicht allein! **9.** Entschuldige einen Augenblick!

15. Expresar en imperativo (segunda persona singular y plural, afirmativo y negativo)

1. dar el libro al profesor **2.** escribir una carta al jefe **3.** explicar la lección al alumno **4.** decir la dirección al turista **5.** recomendar el hotel a los amigos.

16. Traducir

In Madrid wohnten wir in einem Reihenhaus außerhalb der Stadt. Das Haus hatte zwei Stockwerke. Im Erdgeschoß waren das Wohnzimmer, das Eßzimmer und die Küche, und oben waren die Schlafzimmer und das Badezimmer. Hinter dem Haus befand sich ein kleiner Garten. Um zum Zentrum zu gelangen, nahmen wir den Bus. Die Nachbarschaft war sehr nett; wir hatten viele Freunde. Das Leben in Madrid war sehr schön.

De repente = plötzlich

17. ¿Ser, estar, hay?

1. Hoy (yo) no ... para bromas. **2.** Casi todo el público ... por el Barcelona. **3.** En esta ciudad ... pocas discotecas. **4.** ... de esperar que mañana haga buen tiempo. **5.** Lo bueno y bonito siempre ... caro; ... cosas baratas, pero a la larga ... caras. **6.** Mi abuelo ... ya viejo y no ... para viajes tan largos. **7.** ... casada con un químico irlandés. **8.** Puedes irte; (tú) ... de más. **9.** No sé si en este pueblo ... médico; (yo) ... forastero. **10.** En la Sierra ... hotelitos preciosos; el de Miguel ... en la carretera de El Escorial; ... de granito y ladrillo.

18. La Reconquista

La Reconquista es el periodo de la historia de España comprendido entre el año 718, en que Pelayo venció a los musulmanes invasores en Covadonga, y el 1492, en que los Reyes Católicos se apoderaron de Granada, capital del último reino islámico. Los núcleos de la resistencia surgieron en la cordillera Cantábrica y en los Pirineos, comarcas de fácil defensa. El núcleo occidental se llamó primero Asturias, luego León, y de éste nació Castilla, que llegó a sobreponerse a todos los reinos cristianos, hasta convertirse en artífice de la unificación de España.

Contra lo que vulgarmente se cree, tan largo periodo de tiempo no fue ni podía ser de lucha constante: hubo prolongados periodos de paz y de relaciones más o menos cordiales y épocas de admirable tolerancia entre judíos, musulmanes y cristianos.

Reproducir el contenido del texto variando las expresiones y añadiendo eventualmente otras informaciones.

19. Formar frases en imperativo (afirmativas y negativas)

1. levantarse en seguida **2.** venir a la reunión **3.** ponerse los zapatos **4.** hacer las maletas **5.** acostarse tarde **6.** desayunar en casa **7.** ir de paseo **8.** volver a estudiar **9.** decir la solución **10.** acercarse al río.

20. Traducir

1. In Italien reisten wir immer mit der Bahn. **2.** Der Fischhändler kam mehrmals in der Woche. **3.** Freitags bekam ich immer Post (=Brief) von ihm. **4.** Wo wart ihr letztes Jahr? **5.** Vor dem Krieg lebten wir sehr gut. **6.** Früher arbeitete ich in einer Fabrik. **7.** Nachmittags gingen wir spazieren. **8.** Wir trafen uns (oft) um 7 Uhr abends. **9.** Nach dem Abendessen gingen wir ins Kino. **10.** Gestern früh rief mich meine Schwägerin an.

21. Completar con la preposición adecuada

1. Al salir ... clase, encontré ... un amigo ... colegio. **2.** Cuando llegamos ... casa, encontramos carta urgente. **3.** Te damos las gracias ... tu felicitación ... Año Nuevo. **4.** ¿... qué hora volverás? Yo trataré ... esperarte. **5.** Estos libros son ... Manolo; los compré ... España. **6.** ... (los) amigos no deben existir secretos. **7.** Pon ... limpio esta carta y mándala ... correo. **8.** Escribes muy bien ... máquina; ¿quieres escribir ... dictado una carta urgente? **9.** Nos hemos enterado ... la noticia ... el periódico. **10.** Hasta las vacaciones ... verano, trataremos ... hacer pocos planes ... el fin de semana; ... las vacaciones, recuperamos las oportunidades perdidas.

22. Expresar con pronombres (en forma afirmativa y negativa)

1. ¡Dad el libro a Pedro! **2.** ¡Escribe una carta a tus padres! **3.** ¡Devuelve las revistas a los amigos! **4.** ¡Enseñad la traducción al profesor! **5.** ¡Enviad el paquete a la secretaria! **6.** ¡Comunica la dirección (a mí)! **7.** ¡Cuenta lo ocurrido a la policía!

23. Completar las frases (sino – si no)

1. Volveré pronto, ... me entretengo en la calle. **2.** Mi amigo Manolo no es pintor, ... escultor. **3.** ... vienes al cine, me avisas a tiempo. **4.** No llegarás a tiempo ... te das más prisa. **5.** Esta tarde no vamos al cine, ... al teatro. **6.** Muchas personas tienen un ... muy cruel.

24. Explicar la diferencia y formar frases

si no – sino; cómo – como; sí – si; tu – tú; sólo – solo; aún – aun; cuándo – cuando; mí – mi; qué – que; por qué – porque; dónde – donde; cuánto – cuanto.

25. Contar en pretérito

"Es de noche. Todos están preparados para salir. De pronto, se oye un ruido en la calle. Un coche-patrulla de la policía llega. Hay disparos. Desde la ventana, se ve cómo la gente se aglomera. Llega una ambulancia. Un herido es transportado al hospital más cercano. El susto es tan grande, que los amigos deciden esperar".

26. Completar (por qué, porque, porqué)

1. Ignoro el ... de su negativa, el ... de su manera de actuar. **2.** No leí el documento ... estaba seguro de que era falso. **3.** No hace tanto calor ... ya se ha puesto el sol. **4.** No tengo ... callarme; ya sabes que siempre he sido sincero. **5.** Dile ... fuma tanto desde hace algún tiempo; me gustaría saber ...

27. ¿Ser o estar?

1. Mis tíos ... viejos, pero ... bien de salud; ... muy emprendedores; ahora, ... de viaje por Andalucía. **2.** La nieve ... blanca; los copos ... un milagro de la naturaleza; cada uno ... distinto, aunque ... formados por los mismos elementos. **3.** ¿De qué marca ... tu coche? El mío ... desconocido: cada pieza ... de marca distinta. **4.** Como ... para llover, quedamos en casa. **5.** La criada ... de compras; ... de Soria. **6.** Mi padre ... griposo; no ... para bromas; ... difícil discutir con él cuando ... enfermo.

11. KAPITEL

1. Die Verwendung des Subjuntivo im Hauptsatz

Der Subjuntivo wird vor allem im Nebensatz verwendet. Die **Verwendung des Subjuntivo im Hauptsatz** beschränkt sich im wesentlichen auf **folgende Fälle**:

a. Bejahender und verneinter Imperativ

Alle Formen außer 2. Person Singular und Plural bejaht (s. S. 39–41).

b. Wunschsätze

Diese werden oft mit **que** oder **ojalá** (= hoffentlich) eingeleitet.

¡Viva el Rey!	Es lebe der König!
¡Que tenga buen viaje!	Gute Reise!
¡Ojalá tengan buenas notas!	Hoffentlich haben Sie gute Noten!
¡Ojalá nieve!	Hoffentlich schneit es!
¡Que aproveche!	Guten Appetit!
¡Que se mejore!	Gute Besserung!

c. Nach "acaso", "quizá(s)" und "tal vez"

Nach **acaso** (lit.), **quizá(s)** und **tal vez** (jeweils in der **Bedeutung „vielleicht"**) steht **oft** der **Subjuntivo**, je nachdem, für **wie wahrscheinlich die Aussage** gehalten wird. Es kann aber auch Indikativ gesetzt werden, wenn die Aussage als ziemlich wahrscheinlich angesehen wird.

Tal vez venga esta noche.	(Es könnte sein ...).
Tal vez viene esta noche.	(Ich glaube es eigentlich schon ...)

2. Die Verwendung des Subjuntivo im Nebensatz mit "que"

a. Que-(daß-)Sätze der Willensäußerung

Hierzu gehören **Willensäußerungen** aller Art (**positiv und negativ**), wie z.B.: **Wunsch - Befehl - Erlaubnis - Rat - Empfehlung - Bitte - Forderung - Gebot - Verbot - Absicht - Zwang - Notwendigkeit**

Wunsch (deseo)	Deseo que la invites.
Wille (voluntad)	Queremos que lo hagas.
Befehl (mandato)	Ordeno que lo traiga.
Erlaubnis (permiso)	Mis padres me permiten que lo haga.
Rat (consejo)	Te aconsejo que no vayas.
Empfehlung (recomendación)	Te recomiendo que te decidas pronto.
Bitte (ruego)	Te rogamos que lo olvides.
Forderung (exigencia)	Exijo que lo devuelvas.
Gebot (orden)	Le digo que lo cumpla.
Verbot (prohibición)	Te prohíbo que lo cuentes.
Absicht (intención)	Siempre intenta que todos se rían. El profesor hace que todos se interesen.

b. Que-(daß-)Sätze der Gefühlsäußerung

Hierzu gehören **Gefühlsäußerungen** und Äußerungen der **Gemütsbewegung** jeder Art (**positiv und negativ**), wie z.B.: **Freude - Anerkennung - Erstaunen - Ärger - Mißfallen - Furcht - Zweifel - Bedauern - Mitgefühl - Entschuldigung - Hoffnung**

Freude (alegría)	Me alegro de que vengas.
Anerkennung (reconocimiento)	Estoy muy contento de que lo sepas.
Erstaunen (asombro/sorpresa)	Me extraña que no venga.
Ärger (enfado/enojo)	Me da rabia que haga eso.
Mißfallen (disgusto)	No me gusta que hable así.
Furcht (temor)	Temo que no diga la verdad.
Zweifel (duda)	Dudo que lo sepa. (No creo que lo sepa, vgl. c!)
Bedauern (sentimiento)	Siento mucho que no puedas venir.
Mitgefühl (compasión/comprensión)	Lamento que no vayas. Comprendemos muy bien que no venga.
Entschuldigung (disculpa)	Perdone que le moleste.
Hoffnung (esperanza)	Espero que cambie el tiempo.

Nach **esperar** kann **auch Futur** (S. 13) stehen, wenn es sich um eine sichere Erwartung handelt, wie z.B.: Espero que llegarán puntuales. Ich rechne damit, daß sie pünktlich kommen werden.

c. Que-(daß-)Sätze nach Verben des Sagens und Denkens

wenn diese verneint werden oder nach subjektiv verneinten Fragen (vgl. „Zweifel"). **No** creo que venga. **No** me parece que sea así.

¿Cree Vd. que eso sea correcto?	Glauben Sie etwa, daß das richtig ist?

Die erwartete Antwort:

No, no lo creo en absoluto.	Nein, das glaube ich auf keinen Fall (sozusagen als Bestätigung der eigenen Meinung).

No pienso que lo sepas. No digo que sea él.

Verben des Sagens und Denkens, die positiv, also **bejaht** verwendet werden, erfordern jedoch **Indikativ**. Ebenso steht **Indikativ bei Fragen**, auf die man eine **„echte"** Antwort erwartet.

Creo que viene.	Pienso que ya lo sabes.
Supongo que lo va a hacer.	
¿Cree Vd. que eso es correcto?	Glauben Sie, daß das richtig ist?

Antwort kann sein, was immer der Gefragte für richtig hält: Sí, lo creo. Puede ser. No, no lo creo. No lo sé.

d. Que-(daß-)Sätze der Nichtwirklichkeit

No digo que mientas; te han informado mal.	Ich sage nicht, daß du lügst; man hat dich falsch informiert.
No es que no quiera venir, es que no puede.	Nicht, daß er nicht kommen will, er kann nicht!

e. Que-(daß-)Sätze nach vielen unpersönichen Ausdrücken

1. Die in den vorgenannten Punkten erwähnten Regeln für die Verwendung des Subjuntivo gelten natürlich auch für die **unpersönlichen Ausdrücke**, die eine **Willensäußerung**, **Gefühlsäußerung** ausdrücken, wie z.B.

es necesario que	es ist notwendig/erforderlich
es preciso que	es ist notwendig/erforderlich
es imprescindible que	es ist unbedingt notwendig/erforderlich
es urgente que	es ist dringend erforderlich
es conveniente que	es ist angebracht
es importante que	es ist wichtig
es aconsejable que	es ist ratsam
es mejor que	es ist besser
es una lástima que	es ist schade
es una pena que	es ist schade
es extraño que	es ist seltsam
es magnífico que	es ist herrlich
es estupendo que	es ist herrlich

2. Daneben steht Subjuntivo noch nach **unpersönlichen Ausdrücken**, die eine **Möglichkeit** oder **Wahrscheinlichkeit** wiedergeben (**positiv und negativ**): es posible/imposible que (es ist möglich/unmöglich), es probable/ poco probable que (es ist wahrscheinlich/unwahrscheinlich), (no) puede ser que (es kann sein/es kann nicht sein).

Indikativ steht nach unpersönlichen Ausdrücken, die eine **Sicherheit** angeben: Es seguro que lo hace. Es cierto que es así.

3. Pretérito perfecto de subjuntivo

1. Bildung

Pretérito perfecto de subjuntivo wird gebildet mit **presente de subjuntivo** von **haber** und dem **Partizip Perfekt**:

haya venido	**hayamos** venido
hayas venido	**hayáis** venido
haya venido	**hayan** venido

2. Verwendung mit dem Perfekt

Ist in einem Satz die Anwendung des **Perfekts** (vgl. Teil I, S. 105) **zusammen mit** dem Subjuntivo erforderlich, so wird **pretérito perfecto de subjuntivo** verwendet.

Viene.	Me alegro de que **venga**. (Präsens)
Ha venido.	Me alegro de que **haya venido**. (Perfekt)
Se ha marchado.	Espero que se **haya marchado**. (Perfekt)

EJERCICIOS A

1. Poner la forma verbal correspondiente

1. ¡Ojalá (tener; nosotros) ... buen tiempo mañana! **2.** ¡Que (tener; vosotros) ... buen viaje! **3.** ¡Ojalá nos (traer; él) ... el dinero esta tarde! **4.** Quizá (encontrarnos) ... con él en la subasta. **5.** Juana ha viajado sola a Australia. ¡Ojalá no le (pasar) ... nada desagradable! **6.** ¡Así (ser) ... la vida! **7.** ¡Así se (bailar) ...! **8.** ¡Así se les (estropear) ... la fiesta! **9.** Si los precios (bajar) ... , compramos el piso. **10.** ¡Ojalá (bajar) ... los precios de los apartamentos! **11.** ¡Así no (poder; ella) ... viajar a Acapulco!

2. Ejercicios sobre el presente de subjuntivo

1. Me parece conveniente que se lo (decir; vosotros) ... **2.** Me extraña que no (recibir; ellos) ... mis cartas. **3.** Lamento que no (llegar; ellos) ... a tiempo. **4.** Está muy orgullosa de que su hijo (ser) ... médico. **5.** Siento mucho que María no (poder) ... venir. **6.** Es probable que (tener; ellos) ... mucho dinero. **7.** Es lógico que al principio (hacer; Vd.) ... algunas faltas. **8.** Es estupendo que Inés (poder) ... viajar a América Latina. **9.** Es muy conveniente que (viajar; ella) ... por el mundo. **10.** Es muy útil que (ver; ella) ... otros pueblos y otras costumbres. **11.** Es una lástima que los viajes (costar) ... tanto. **12.** Es una lástima que el tiempo (estar) ... tan malo. **13.** Dice que (esperar; nosotros) ... en la estación. **14.** Es muy posible que no (venir; ellas) ... mañana. **15.** Me ruega que le (prestar; yo) ... un poco de dinero. **16.** Desea que le (regalar; vosotros) ... ese libro ilustrado. **17.** No creo que este vestido (valer) ... tanto. **18.** Os he recomendado ya que (conducir; vosotros) ... despacio. **19.** Desean que les (ofrecer; nosotros) ... una bebida. **20.** Es lamentable que sólo (interesarse; tú) ... por tu trabajo.

3. Traducir

1. Das beste ist, du ruhst dich aus; du hast es nötig. **2.** Es ist möglich, daß er kommt. **3.** Was ich will, ist, daß sie mich sieht. **4.** Ich sage ihm, er soll es machen. **5.** Es ist besser, wenn du es nicht sagst. **6.** Ich freue mich, daß du soviel arbeitest. **7.** Er hat mir nichts gesagt, aber ich bezweifle, daß er glücklich ist. **8.** Ich bedauere sehr, daß Sie auf mich haben warten müssen.

4. Ejercicios sobre el presente de subjuntivo

1. Me alegro de que (venir; Vd.) ... **2.** Le voy a decir que lo (hacer; él) ... **3.** Insiste en que no se lo (decir; yo) ... a nadie. **4.** Está muy bien que siempre (decir; vosotros) ... la verdad. **5.** Me sorprende mucho que no (estar; ella) ... en casa. **6.** Espero que las preguntas no (ser) ... demasiado difíciles. **7.** Es mejor que (abrir; vosotros) ... las ventanas.

5. Poner en indicativo o en subjuntivo, según sea necesario

1. Déjeme que se lo (explicar; yo) ... **2.** Haz lo que (querer; tú) ... **3.** Lo que (pasar) ... es que no (saber; vosotros) ... lo que (querer; vosotros) ... **4.** Supongo que (estar; ellos) ... enfermos. **5.** Creo que (ser; él) ... el señor que (llamar) ... esta mañana. **6.** ¿Por qué no le (proponer; Vd.) ... que (trabajar; él) ... con Vd.? **7.** Me parece que eso (ser) ... imposible. **8.** Es imposible que (poder; vosotros) ... pagar esa cantidad. **9.** No creo que (arriesgarse; ellos) ... a hacerlo. **10.** No creo que (tener; él) ... hermanos. **11.** Es mejor que no les (decir; nosotros) ... nada. **12.** Es muy probable que no (venir; ella) ... **13.** Francamente no creo que (tener; ellos) ... interés en ayudarte. **14.** Creo que sólo (pensar; él) ... en sus intereses. **15.** Se alegran mucho de que (estar; tú) ... de vuelta. **16.** Le voy a decir que no (poder; yo) ... hacer ese trabajo. **17.** Es extraño que no (haber) ... nadie en casa. **18.** ¿Te molesta que le (dar; yo) ... tu dirección? **19.** Parece que no (gustarles) ... nada. **20.** ¿Le molesta que (fumar; yo) ...?

6. Ejercicios sobre el indicativo y el subjuntivo

A. *no viene/no venga*

1. Es seguro que ... **2.** Es una lástima que ... **3.** Estoy convencido de que ... **4.** Lamento que ... **5.** Es lógico que ... **6.** Es comprensible que ... **7.** Es probable que ... **8.** No creo que ... **9.** Es posible que ... **10.** Creo que ...

B. *es rico/sea rico*

1. Me parece que ... **2.** No me parece que ... **3.** Es indudable que ... **4.** No es evidente que ... **5.** No es posible que ... **6.** No veo que ... **7.** Me he dado cuenta de que ... **8.** Supongo que ... **9.** Es una pena que no ... **10.** Es cierto que ...

C. *les ha tocado la lotería/les haya tocado la lotería*

1. Parece que ... **2.** No creo que ... **3.** Dicen que ... **4.** Sus enemigos están furiosos de que ... **5.** Comentan que ... **6.** No es cierto que ... **7.** No es seguro que ... **8.** No está claro que ... **9.** Creo que ... **10.** Para mí es igual que ...

D. *hace ese trabajo/haga ese trabajo*

1. Me molesta que ... **2.** No me fastidia que ... **3.** Estoy contento de que ... **4.** Le he prohibido que ... **5.** Es mejor que ... **6.** Le consiento que ... **7.** Su padre le deja que ... **8.** He observado que ... **9.** Tengo entendido que ... **10.** Sus padres se dan cuenta de que ...

E. *miente/mienta*

1. No digo que usted ... **2.** No quiero decir que ella ... **3.** Es indudable que ... **4.** No me cabe en la cabeza que ... **5.** Es inconcebible que él ... **6.** Es casi seguro que ... **7.** No es que usted ... **8.** Es muy improbable que ... **9.** No puedo creer que ... **10.** No tengo la menor duda de que ...

7. El macho Pacheco

Fermín Pacheco ama a su mujer. No puede vivir sin ella. No entiende que pueda haber personas no casadas. Le gusta que su mujer le lleve el desayuno a la cama, que le lave la espalda, que le ate los zapatos. Exige que tenga todo limpio y ordenado, que le lave y planche la ropa, que cocine para él a mediodía y por la noche, que le compre el diario, que le encienda la pipa y el televisor.

Cuando invita a sus amigos, le encanta que ella se comporte como un ama de casa feliz y eficiente, que traiga el café y las bebidas, o que prepare platos sabrosos y abundantes. Pero no soporta que intervenga en la conversación ni que pretenda inmiscuirse en temas de hombres. Ni permite que su mujer se interese por el dinero, pues él le da cada día una cantidad fija para que haga las compras. No soporta que una mujer pierda el tiempo con amigas hablando de "tonterías" y de "cosas de mujeres".

Así sueña Fermín Pacheco casi todas las noches. Pero probablemente quedará soltero.

8. Ejercicio de conversación

1. Exponga con otras palabras el contenido del texto. **2.** ¿A qué problemática social alude? **3.** ¿Cómo se puede definir el machismo? **4.** ¿Cuáles son los comportamientos típicamente machistas? **5.** ¿Cómo ve Vd. el problema? **6.** ¿Qué soluciones propone Vd.?

9. Ejercicios sobre el indicativo y el subjuntivo

1. – ¿Sabes qué (escuchar; yo) ... sin querer el otro día? **2.** Que los hijos de la señora Figueroa (querer; ellos) ... vender una de las casas de su madre. **3.** Parece que ella no (querer) ... que la (vender; ellos) ..., pero ellos (insistir) ... **4.** – ¿Y por qué (querer; ellos) ... venderla? **5.** – No (saber; yo) ... Creo que (necesitar; ellos) ... dinero para pagar unas deudas que (tener; ellos) ... **6.** – No me parece que eso (ser) ... prudente. **7.** – Claro, una casa no (haber) ... que venderla tan fácilmente, pero tú (saber) ... que con los intereses de los créditos no se (jugar) ... **8.** – Puede ser que (haber; ellos) ... caído en manos de alguien que (cobrar) ... intereses usurarios. **9.** – Es una verdadera lástima que (haber) ... situaciones así. **10.** – Y eso (suceder) ... con más frecuencia de lo que uno (imaginarse) ... **11.** – Muchas personas, y aun instituciones, (vivir) ... de eso. **12.** – Esperamos que (tener; ellos) ... suerte y no se (ver) ... obligados a venderla.

10. Ejercicios sobre el indicativo y el subjuntivo

1. Es probable que me (proponer; ellos) ... un negocio. **2.** No creo que todo esto (caber) ... en el maletero. **3.** Creo que no (querer; él) ... venir. **4.** Es comprensible que no (querer; él) ... encontrarse con ese tipo. **5.** No es posible que siempre (perder; tú) ... todo. **6.** Es posible que lo (traer; ellos) ... **7.** La secretaria insiste en que usted (presentarse) ... al director. **8.** Es casi seguro que lo (ir; ellos) ... a nombrar director. **9.** Es probable que (ir; ella) ... personalmente. **10.** Es evidente que (tener; ellos) ... gran interés en el negocio. **11.** Creo que Pilar no (estar) ... contenta con su trabajo. **12.** Pero no creo que (querer; ella) ... cambiar de trabajo. **13.** El jefe exige que le (tener; nosotros) ... informado. **14.** El director dice que le (mandar; tú) ... el manuscrito mañana. **15.** Dile, por favor, que ya se lo (haber; yo) ... mandado. **16.** Parece que el manuscrito se (haber) ... perdido. **17.** Les voy a pedir que lo (buscar; ellos) ... bien por todas partes. **18.** Espero que lo (encontrar; ellos) ... **19.** Acaba de llamar la secretaria y dice que ya lo (haber; ellos) ... encontrado. **20.** Me alegro mucho de que no (haberse) ... perdido.

11. Ejercicio en pequeños grupos

Pedir a los alumnos que redacten algunas frases en subjuntivo sobre los siguientes temas: **a)** espero/deseo que mi (futura) mujer/mi (futuro) marido sea ... tenga ... haga ... no sea ... no haga ... **b)** cómo es la jefa/el jefe ideal **c)** cómo es la profesora/el profesor ideal. *Luego hacer leer en voz alta lo que han preparado.*

12. Poner el imperfecto o el indefinido

1. Muchos pueblos antiguos (adorar) ... al sol. **2.** Los politeístas (creer) ... en muchos dioses. **3.** También los romanos (ser) ... politeístas. **4.** El cristianismo (vencer) ... al politeísmo en el Imperio Romano, pero esa victoria no (ser) ... fácil: (necesitar) ... varios siglos.

13. Completar con el imperfecto o el indefinido

1. La condesa (vivir) ... en una villa muy lujosa. **2.** Pero como (la villa; estar) ... muy apartada, la señora (tener) ... siempre miedo de los ladrones. **3.** Un día (detenerse) ... delante de la villa dos hombres desconocidos. **4.** Ella (llamar) ... a la policía. **5.** Ésta (llegar) ... a los cinco minutos. **6.** Pero los dos hombres (ser) ... sólo arquitectos que (discutir) ... sobre el estilo del edificio.

14. Ponga los tiempos correspondientes del pasado

1. El otro día (entrar) ... el jefe precisamente cuando (estar; nosotros) ... hablando de él. **2.** (Escuchar; él) ... algunas frases. **3.** Nos (mirar; él) ... algo sorprendido, pero luego (salir; él) ... sin decir una palabra. **4.** (Ser) ... para todos un momento penoso. **5.** Pero al día siguiente (preguntar; él) ... a cada uno su opinión acerca de su modo de proceder. **6.** Casi todos le (decir; nosotros) ... con toda franqueza lo que (pensar; nosotros) ... **7.** Desde ese momento el clima de trabajo (mejorar) ... notablemente.

15. Poner en indefinido o imperfecto

1. Hace cinco años, cuando yo (ir) ... al instituto, (tener;yo) ... muchos problemas. **2.** No sólo porque (haber) ... mucho que estudiar, sino también por dificultades familiares. **3.** Mis padres (estar) ... enfermos, y yo (tener) ... que trabajar bastante en casa. **4.** No (poder; yo) ... ir siempre a clase, y (tener; yo) ... que preguntar continuamente a los demás. **5.** Luego (casarme) ... con un compañero de estudios, y (nacer) ... nuestro hijo. **6.** Por eso (tener; yo) ... que dejar los estudios. **7.** Mi marido sí (terminar) ... la carrera. **8.** Felizmente (encontrar; él) ... un buen puesto como traductor en una empresa.

16. ¿Cómo se dice en español ...?

1. Er wird es mir zurückgeben. **2.** Er wird es mir zurückgeben müssen. **3.** Wir werden ihnen die Dokumente zuschicken müssen. **4.** Sie mußte all diese Rechnungen bezahlen. **5.** Du mußt all diese Arbeiten beenden. **6.** Man muß ihn einladen. **7.** Man wird ihn einladen müssen. **8.** Ich habe es gerade getan. **9.** Ich habe es gerade tun müssen. **10.** Wir haben es nicht finden können.

EJERCICIOS B

1. Substituir las palabras subrayadas por un pronombre

1. ¡Limpia la mesa! **2.** Mañana iré a visitar a mi amigo. **3.** ¡Devuelve el libro a la profesora! **4.** Ayer vi a tu amiga en la estación. **5.** ¡Envía las flores a la secretaria! **6.** Compramos un regalo para el jefe. 7. ¡Explica las palabras a tu compañero! **8.** ¡Di a tu padre lo que te he contado! **9.** Hoy se pone el abrigo de pieles. **10.** El portero da la llave al cliente.

2. Leer en voz alta y explicar las formas verbales

A Elisa

Para que los leas con tus ojos grises,
para que los cantes con tu clara voz,
para que llenen de emoción tu pecho,
hice mis versos yo.

Para que encuentren en tu pecho asilo
y les des juventud, vida y calor,
tres cosas que yo ya no puedo darles,
hice mis versos yo.

Para hacerte gozar con mi alegría,
para que sufras tú con mi dolor,
para que sientas palpitar mi vida,
hice mis versos yo.

Gustavo Adolfo Bécquer

3. Traducir

1. Entschuldigen Sie, daß ich Sie nicht gesehen habe. **2.** Ich bitte dich, mir einen Brief zu schreiben/mir eine E-Mail zu schicken. **3.** Auf Wiedersehen und gute Besserung! **4.** Gute Nacht, ruhen Sie sich gut aus! **5.** Der Meister wünscht, daß die Lehrlinge rechtzeitig in die Werkstatt kommen. **6.** Der Chef hat verboten, daß die Sekretärinnen das Büro vor 17 Uhr verlassen. **7.** Es ist nötig, daß wir neue Arbeiter anstellen, damit die Produktion weitergeht. **8.** Es tut mir wirklich leid, daß die Kinder nicht kommen können.

4. Completar en imperativo

1. ¡(Comer) ..., niño! **2.** ¡No (beber; Vd.) ... agua fría! 3. Paco, ¡(cantar) ... un poco! **4.** ¡(Tener; tú) ... un poco de cuidado! **5.** ¡No (hablar; vosotros) ... tanto! **6.** ¡(Llamar; tú) ... al médico! **7.** ¡(Trabajar; vosotros) ... más! **8.** ¡No (decir; tú) ... la dirección! **9.** ¡(Ir; vosotros) ... a clase! **10.** ¡(Prestar; tú) ... atención!

5. Traducir y seguir la frase

1. Es tut mir leid, daß ...
2. Ich hoffe, daß ...
3. Ich fürchte, daß ...
4. Es freut mich, daß ...
5. Ich bedauere, daß ...

6. Conjugar en futuro y potencial

está en casa – llegan a tiempo – ponen interés – podéis ir – han trabajado – ¿tienes tiempo? – decís que no – no saben qué hacer – ¿me haces el favor? – son pocos.

7. Traducir

1. Werden Sie morgen kommen? **2.** Sie wird sich freuen. **3.** Er ist seit Januar in Perú. **4.** Sie ist vor 10 Minuten weggegangen. **5.** Ich werde es machen. **6.** Während das Kind schlief, machte ich meine Übersetzung.

8. Traducir

1. Es freut mich, daß meine Eltern mir erlauben, eine Party zu veranstalten. **2.** Aber es tut mir leid, daß Papa nicht erlaubt, auf der Terrasse zu tanzen. **3.** Ines verwandelt gerade das Wohnzimmer in einen Tanzsaal. **4.** Die Stühle werde ich zur Seite stellen, damit wir Platz haben.

9. Colocar el verbo en el tiempo requerido del pretérito

1. Ayer, los alumnos (estar) ... en una exposición. **2.** Mientras vosotros (estudiar) ..., nosotros (hacer) ... una traducción. **3.** Cuando Paco (llegar) ... de la oficina, la familia (esperar) ... para cenar. **4.** Mi amigo (volver) ... de Portugal; (estar) ... allí dos meses. **5.** Del año 1923 a 1930 (haber) ... en España una dictadura; el año 1931 (caer) ... la Monarquía y (proclamarse) ... la Segunda República, la cual (durar) ... hasta 1936, en que (comenzar) ... la guerra civil; ésta (terminar) ... en 1939. **6.** ¿Cuándo (llegar; tú) ...? No (saber; yo) ... que (tú; estar) ... aquí. **7.** Al volver de París, mi amigo (encontrarse) ... con una sorpresa: su esposa (desaparecer)... con un amigo de casa. **8.** Mi amigo (tener) ... la costumbre de ducharse con agua fría. **9.** ¿(Visitar; vosotros) ... El Escorial? Nosotros (estar) ... allí hace varios años. **10.** Siempre que (ir; nosotros) ... a Barcelona, (hospedarnos) ... en el Hotel Gaudí.

10. Poner en imperativo afirmativo y negativo

1. (vosotros; traer) ... los libros **2.** (tú; apartarse) ... del ascensor **3.** (vosotros; entregar) ... los libros al profesor **4.** (tú; decir) . .. al jefe dónde está la llave **5.** (vosotros; poner) ... las flores en agua fría **6.** (tú; ir) ... a la clase de gramática.

11. Ser/estar/haber

1. Su padre ... una persona colérica. **2.** Tu cuaderno ... debajo de los libros. **3.** Se dice que los andaluces ... alegres. **4.** Aquí el clima ... muy fresco. **5.** Hoy el tiempo ... muy fresco. **6.** Su hermano ... muy fresco. **7.** En esta ciudad ... muchas discotecas; ... una que me gusta mucho; ... en la Plaza Mayor. **8.** El papel ... entre los libros. **9.** Su amiga ... una persona muy fría. **10.** ¿Cuántos profesores ... en la escuela? **11.** Todos ... delante de la puerta. **12.** "¿... algún restaurante en esta calle?" - "Sí, al final a la derecha ... El Toro". **13.** Fueron a buscar el libro, pero allí no ... nada. **14.** La sopa ... fría. **15.** Su amigo ... para salir. **16.** Eso no ... permitido. **17.** Eso ... inmoral. **18.** ¡... una vergüenza! **19.** Mi hermano ... de maestro en un pueblo de la sierra. **20.** ... que no pude venir antes.

12. Ejercicios sobre ser – estar – hay

1. Esta señora ... de Madrid; ... en Barcelona de profesora. **2.** La pluma ... para mi amigo; ... un regalo de cumpleaños. **3.** Los señores ... franceses; ... de vacaciones en Italia. **4.** En esta calle ... pocas tiendas; las pocas que ... no ... muy caras, porque ... en un barrio mal comunicado. **5.** (Nosotros) ... para salir cuando sonó el teléfono; ... mi padre, quien actualmente ... en el hospital. **6.** En Sevilla ... la Giralda; ... una torre de origen árabe; en Andalucía ... muchos monumentos árabes. **7.** Cuando llegamos *(pretérito)* a Madrid, ... poco tráfico porque ... fiesta y mucha gente ... de veraneo. **8.** ¿Dónde ... un banco? (Yo) ... sin dinero y mañana ... domingo. **9.** ¡Hola! ¿Qué tal ... (tú)? Yo no ... bien del estómago, ... un fastidio. **10.** En el manicomio, "ni ... todos los que ..., ni ... todos los que ..." (refrán).

13. Traducir

1. Verbieten Sie es ihm nicht! **2.** Fassen Sie sich kurz! **3.** Tun Sie, was Sie wollen! **4.** Schreibe nicht weiter! **5.** Warten Sie noch! **6.** Lesen Sie langsam und deutlich! **7.** Wiederholen Sie bitte den Satz! **8.** Machen Sie bitte die Türe auf! **9.** Schließen Sie das Fenster! **10.** Gehen Sie noch nicht fort!

14. Traducir

1. Gestatten Sie, daß ich spanisch spreche? **2.** Ich freue mich, daß du so großen Erfolg hattest. **3.** Es ist nicht gut möglich, daß wir noch rechtzeitig ankommen. **4.** Es ist schade, daß Sie ihn nicht eingeladen haben. **5.** Ich suche ein Einfamilienhaus, das fünf Zimmer, zwei Bäder und eine Garage hat; ein kleiner Garten wäre auch wünschenswert. **6.** Es ist nicht erforderlich, daß Sie auf ihn warten. **7.** Ich freue mich, daß es dir gutgeht. **8.** Es ist Zeit, daß wir weiterfahren. **9.** Ich fürchte, es ist schon zu spät. **10.** Sagen Sie ihm, er möge mir Bescheid sagen, falls er nicht kommen kann.

15. Completar con la preposición necesaria

1. Trataremos ... hallar un sustituto ... la altura ... Vd. **2.** Hoy estamos invitados ... cenar ... casa ... unos amigos. **3.** ... veces, es difícil distinguir ... los dos hermanos. **4.** Hay que defenderse ... los enemigos con cara ... amigos. **5.** Compadezco ... pobre niño, pero no puedo hacer nada ... él. **6.** Han despedido ... chófer y ahora buscan ... uno más joven. **7.** Atendemos ... los clientes ... preferencias; los servimos ... riguroso turno. **8.** Un señor ha preguntado ... ti ... gran interés. **9.** Desde que murió su madre, viste ... luto. **10.** Fuimos ... Oviedo ... coche pasando ... León.

16. Traducir

1. Als ich die Stadt zum ersten Mal sah, gefiel sie mir nicht. **2.** Neulich ging ich über die Puerta del Sol, als ich unerwartet deinen Bruder traf. **3.** Am Sonntag hat es den ganzen Tag geregnet. Dieses Jahr hat es sehr wenig geregnet. **4.** Als ich in Hamburg ankam, war es schon Nacht. **5.** Der Arzt kam zu dem Kranken, als es schon zu spät war. **6.** Gestern erfuhr ich, daß du krank warst. **7.** Es war einmal ein kleines Mädchen, das Rotkäppchen hieß. **8.** Ich führte ein ruhiges Leben in P. Ich stand um 7 Uhr auf, ging in die Stadtbibliothek, aß um ein Uhr und ging um 11 Uhr zu Bett. Plötzlich geschah etwas Unerwartetes ... **9.** Er ist nicht so einer, der redet, ohne vorher zu überlegen. **10.** Das war die einzige Frage, die ich stellen wollte.

17. Ejercicios sobre los pronombres

1. Kein Mensch kümmert sich darum. **2.** Wir haben keine ruhige Minute mehr. **3.** Sie ist noch keine vierzehn Jahre alt. **4.** So etwas kannst du doch nicht machen. **5.** Er hat sich von niemandem verabschiedet. **6.** Das ist etwas ganz anderes. **7.** Er hat mit niemand anderem gesprochen. **8.** Sie hat mit niemandem reden wollen. **9.** Ich habe niemandem etwas gesagt. **10.** Keiner will diese Arbeit machen. **11.** Die Kinder sind alle noch klein. **12.** Der Arzt kann jeden Augenblick kommen. **13.** Ich habe keinen einzigen freien Tag.**14.** Jeder Schüler muß es machen. **15.** Jeder von uns muß helfen. **16.** Irgendjemand hat seinen Schirm vergessen. **17.** Man muß jede Gelegenheit nutzen. **18.** Das müssen Sie am Anfang jedes Jahres vorlegen. **19.** Irgendetwas ist nicht in Ordnung. **20.** Das weiß niemand besser als du.

12. KAPITEL

1. Das Relativpronomen (el pronombre relativo)

a. "Que"

Que (welcher, welche, welches; der, die, das) – **unveränderlich** nach Zahl und Geschlecht – ist das **gebräuchlichste** Relativpronomen.

1. Es steht **ohne Präposition** und kann sich auf **Lebewesen** und **Dinge beziehen**. Beim **Akkusativ der Person** steht kein **a**.

Dinge

El coche **que** está allí.	Der Wagen, **der** dort steht. (Nom.)
El coche **que** he comprado.	Der Wagen, **den** ich gekauft habe. (Akk.)

Lebewesen

El chico **que** está allí.	Der Junge, **der** dort steht. (Nom.)
Las chicas **que** ves allí.	Die Mädchen, **die** du dort siehst. (Akk.)

2. Nach kurzen (meist einsilbigen) Präpositionen kann auch **que** gebraucht werden (z.B. nach: **a**, **de**, **con**, **en**, **por**, etc.); z.B.

La casa en (la) que vive es muy bonita.	Das Haus, in dem er wohnt, ist sehr hübsch.
La comida a (la) que me invitaste me gustó mucho.	Das Essen, zu dem du mich eingeladen hast, schmeckte mir sehr gut.
El libro del que habló Vd. no me gusta.	Das Buch, von dem Sie gesprochen haben, gefällt mir nicht.

b. El que/el cual – la que/la cual – los que/los cuales – las que/las cuales

steht vor allem

1. nach **längeren** (mehrsilbigen) **Präpositionen**: z.B.

La iglesia **delante de** la que/la cual hay un monumento ...	Die Kirche, vor der ein Denkmal steht, ...
El edificio **alrededor del** que/del cual hay un jardín maravilloso ...	Das Haus, das von einem herrlichen Garten umgeben ist, ...

2. um Verwechslungen auszuschließen, die durch ein einfaches **que** entstehen könnten: z.B.

La madre de José, **el que/el cual** me visitó ayer ...	Die Mutter von José, der mich gestern besuchte, ...
La madre de José, **la que/la cual** me visitó ayer ...	Die Mutter von José, die mich gestern besuchte, ...

3. bei **Dativ der Person**: z.B.

Mis padres, **a los que/los cuales** he escrito hoy, se encuentran actualmente en México.	Meine Eltern, denen ich heute geschrieben habe, sind zur Zeit in Mexiko.

c. Lo que/lo cual

steht bei Bezug auf einen **ganzen** (vorhergehenden) **Satz**, z.B

Hace **calor, lo que/lo cual** me gusta.	Es ist heiß, was mir gefällt. (und das gefällt mir.)
Tengo tiempo, por **lo que/lo cual** voy al cine.	Ich habe Zeit, weshalb ich ins Kino gehe. (deshalb gehe ich ...)

Bei **Bezug auf Neutra** – wie **todo** und **esto** – wird **nur lo que** verwendet. z.B. Esto es **todo lo que** puedo decirte. Das ist alles, was ich dir sagen kann.

Daneben gibt es für „alles, was ..." auch: **todo cuanto**. Me da **todo cuanto** necesito. Er gibt mir alles, was ich brauche.

Nach **algo** und **nada** steht nur **que**.

Es algo **que** no sé.	Das ist etwas, was ich nicht weiß.
No tengo nada **que** decirte.	Ich habe dir nichts zu sagen.

d. Quien

Quien bezieht sich auf **Personen**. (Der Plural **quienes** ist weniger gebräuchlich.) **Quien** steht für Personen statt **que, el que, el cual**, z.B. nach einsilbigen Präpositionen.

El señor con **quien** acabo de hablar es mi profesor de español.	Der Herr, mit dem ich gerade gesprochen habe, ist mein Spanischlehrer.

Das **a des Akkusativs muß gesetzt werden**; z.B.

La señora a quien saludé es mi vecina.	Die Frau, die ich grüßte, ist meine Nachbarin.

e. El que – la que – los que – las que – quien (u.U. quienes)

werden auch als sog. **Korrelativpronomen** verwendet, das heißt, es geht keine Aussage voraus, auf die sich das Pronomen bezieht. z.B.

El que/Quien dice esto, debe de estar loco.	Wer das sagt, muß verrückt sein.
Quienes/Los que estuvieron en la fiesta, se aburrieron.	Diejenigen, die auf der Party waren, langweilten sich. (Wer auf der Party war ...)

El cual, la cual, los cuales, las cuales, lo cual können nicht als Korrelativpronomen verwendet werden.

f. Cuyo/cuya/cuyos/cuyas (dessen, deren)

richtet sich in **Zahl und Geschlecht nach dem nachfolgenden Substantiv** und **nicht – wie im Deutschen** – nach dem vorhergehenden.

Tengo un amigo **cuya madre** me ha invitado.	Ich habe einen Freund, dessen Mutter mich eingeladen hat.
Tengo una amiga **cuyo padre** me ha invitado.	Ich habe eine Freundin, deren Vater mich eingeladen hat.
Tengo una amiga **cuyos padres** me han invitado.	Ich habe eine Freundin, deren Eltern mich eingeladen haben.
Tengo un amigo **cuyas hermanas** son muy guapas.	Ich habe einen Freund, dessen Schwestern sehr hübsch sind.

g. Donde und cuando

Donde und **cuando** können als **Relativ-** bzw. **Korrelativpronomen** des **Ortes** bzw. der **Zeit** verwendet werden.

La calle **donde** vivo.	Die Straße, in der ich wohne. (= La calle en la que ...).
¿Recuerdas **cuando** estábamos en España?	Erinnerst du dich noch daran, als wir in Spanien waren? (... an die Zeit, in der wir ...).

h. Komma im Relativsatz (s. auch S. 189)

wird im Spanischen nur dann gesetzt, wenn der Relativsatz eine **zusätzliche Information** gibt, die zum Verständnis des Satzes nicht unbedingt erforderlich ist.

Ohne Komma, da **kein** Zusatz:

Un niño que no tiene padres es un huérfano.

Ein Kind, das keine Eltern hat, ist eine Waise.

Mit Komma, da Zusatz:

El hijo de mi vecina, el cual me visitó ayer, es muy alto para su edad.

Der Sohn/das Kind meiner Nachbarin, der/das mich gestern besuchte, ist sehr groß für sein Alter.

Wir haben hier versucht, die wichtigsten Regeln zur Verwendung des Relativpronomens zusammenzustellen. Dennoch ist die Verwendung dieses Pronomens zu einem großen Teil auch eine Frage des **Stils**, des jeweiligen Zusammenhangs, der Nuancierung etc., und viele Fragen und Probleme, die im Augenblick noch auftauchen, werden sich nach und nach **mit wachsendem Sprachgefühl** fast wie von selbst lösen.

2. Subjuntivo im Relativsatz

Die **wichtigsten Beispiele** der Verwendung des Subjuntivo im Relativsatz:

a. Wenn man einen **Wunsch** oder eine **Bedingung** ausdrücken will:

Necesita una secretaria que **sepa** inglés

(Wunsch, Bedingung).

aber:

Tiene una secretaria que **sabe** inglés	(Tatsache).

b. Wenn man eine **Möglichkeit** oder **Ungewißheit** ausdrücken will: z.B.

Haz lo que **quieras**.	Tu, was du willst.
Haré todo lo que **digas**.	Ich werde alles tun, was du sagst.

c. Wenn die Handlung des Relativsatzes **nicht wirklich sein kann**, weil er **nach einem verneinten Ausdruck** steht: z.B.

No hay nadie que lo **sepa**.	Es gibt niemanden, der das weiß.
No hay ningún tren que **sea** tan rápido como éste.	Es gibt keinen Zug, der so schnell ist wie dieser.

In der **indirekten Rede** steht im **Spanischen** – im Gegensatz zum Deutschen – der **Indikativ** (s. S. 157)

3. Präpositionen (preposiciones)

(vgl. auch Teil I, S. 58–59)

a. Einfache Präpositionen

a	nach, zu, in, auf (Frage: wohin?)
ante	vor, angesichts (vgl. S. 82)
bajo	unter (örtl. u. übertr. Sinn)
con	mit
contra	gegen
de	von, aus (Frage: woher?)
desde	von ... aus; von ... an; seit (vgl. S. 82)
durante	während
en	in, an, auf (Frage: wo?)
entre	zwischen, unter (= Anzahl)
hacia	gegen (örtlich und zeitlich)
hasta	bis
mediante	mit(tels)
para	für
por	wegen, durch, für etc.
según	je, nach
sin	ohne

sobre	auf, über, an
tras	nach, hinter (vor allem zeitlich)

b. Präpositionen mit "a"

conforme a	gemäß
con respecto a	hinsichtlich, bezüglich
debido a	infolge von
en cuanto a	bezüglich
frente a	gegenüber (örtl. und übertr. Sinn)
gracias a	dank
junto a	neben

c. Präpositionen mit "de"

a pesar de	trotz	a punto de + inf.	kurz vor
a través de	durch	además de	außer
al lado de	neben	alrededor de	um ... herum
antes de	vor (zeitlich)	cerca de	nahe bei
debajo de	unter (örtlich)	dentro de	innerhalb von (örtl. und zeitl.)
delante de	vor (örtlich)	después de	nach
detrás de	hinter (örtl.)	en casa de	bei, im Hause von
encima de	über (örtl.)	en lugar de	anstatt
en medio de	mitten in	en vez de	anstatt
fuera de	außerhalb von	lejos de	weit/fern von

d. para/por

para = für, nach, um zu

Zweck	Necesita estos datos **para** sus estudios.
Bestimmung	Este regalo es **para** mi madre.
Termin	Una habitación **para** una semana. Un billete **para** esta tarde.
Absicht	Lo digo **para** irritarle.
Ziel	Parten/Salen **para** Italia. Se han embarcado **para** América.
Um zu ...	No vivimos **para** trabajar: trabajamos **para** vivir.
Persönliche Meinung, Ansicht	**Para** mí eso es una cosa normal.

Verhältnis	Su hijo es muy listo **para** su edad.

por = für, durch, aus, von, an, über, wegen

Ursache	¿Por qué no lo haces? – **Por** falta de tiempo.
(Innerer) Beweggrund	Lo hago sólo **por** ti. Trabajo **por** mi familia.
Urheber beim Passiv (vgl. S. 105)	América fue descubierta **por** Colón.
Mittel	Está hablando **por** teléfono. He mandado la carta **por** avión.
Ungenaue Zeitangabe	**Por** la mañana voy a la escuela y **por** la tarde descanso.
Ortsangabe („durch Ort hindurch", „an Ort vorbei" bzw. Ort kurz berührt (auch: „in ... umher")	Se entra **por** esta puerta. Viajamos **por** Italia. Pasamos **por** Colonia. Tengo que pasar **por** el cine para comprar entradas.
Kaufpreis, Tauschobjekt	Compro el coche **por** quince mil euros.

e. Richtige Verwendung der Präpositionen „vor" und „seit"

vor

vor + Zeitpunkt	antes de	**Antes del** desayuno doy un paseo.
vor + Zeitraum	hace	**Hace** cinco años estuvimos en Inglaterra.
vor + Ort	delante de	**Delante de** la iglesia hay un monumento.
vor + übertragener Sinn („angesichts")	ante	**Ante** el peligro pierde los nervios. Tiene que comparecer **ante** el tribunal.

seit

seit + Zeitpunkt	desde	**Desde** mayo trabaja en esta empresa.
seit + Zeitraum	desde hace hace ... que	**Desde hace** dos años vive allí. **Hace** dos años **que** vive allí.

4. Gentilicios (s. auch Anhang S. 191–193)

Gentilicios sind Adjektive zur Bezeichnung von Volks- und Ortszugehörigkeiten. Im Spanischen gibt es eine so große Anzahl davon, daß sich der Studierende zunächst auf die Kenntnis der wichtigsten und geläufigsten beschränken sollte. In vielen Fällen kann ein **gentilicio** sogar zwei Formen haben, wovon eine meist aus dem Lateinischen stammt; z.B.

leonés - **legionense** (von **León**), **sevillano** - **hispalense** (von **Sevilla**).

Bei **Zusammensetzungen** sollte man – wenn möglich – die lateinische Version als erste, unveränderliche Form verwenden, also z.B.

hispano-alemán, **germano**-español, las relaciones **anglo**-francesas o **franco**-inglesas, etc. Weitere Formen lateinischen Ursprungs sind: **euro-**, **afro-**, **greco-**, **italo-**, **luso-**, **rumano-**.

EJERCICIOS A

1. was er sagt ➜ lo que dice

was er kauft – was sie will – was sie verkaufen – was ihr seht – was Sie vergessen – was wir wollen – was ihr wünscht – was er kann – was wir tun – was ihr wollt.

2. alles, was er sagt ➜ todo lo que dice

alles, was er verkauft – alles, was ihr lernt – alles, was wir sagen – alles, was die Kinder wünschen – alles, was ich brauche – alles, was die Herrschaften vergessen.

3. ¿Cómo se dice en español ...?

1. Ich weiß nicht, was er will. **2.** Weißt du, wie er heißt? **3.** Niemand weiß, wo sie wohnen. **4.** Wir wissen nicht, wer er ist. **5.** Niemand weiß, wo sie arbeitet. **6.** Niemand weiß, ob sie arbeiten. **7.** Weißt du, wieviele Koffer er hat? **8.** Ich weiß nicht, wieviele Bücher er geschrieben hat.

4. Traducir

1. Das ist alles, was ich habe. **2.** Das ist alles, was er bringt. **3.** Das ist alles, was wir wissen. **4.** Das ist alles, was die Kinder gelernt haben. **5.** Das ist alles, was uns bleibt.

5. Completar con un pronombre relativo

1. Es el notario ... hijo estudia en nuestra escuela. **2.** ... dice no me interesa. **3.** ... dice eso se equivoca. **4.** Eso es ... no entiendo. **5.** Esto es todo ... ha traído. **6.** Es una región ... lagos me encantan. **7.** ... conozcan el lugar pueden atestiguar que no me equivoco. **8.** Es una ciudad en ... se puede vivir muy bien.

6. Completar las frases con "algo", "alguien", "cualquier(a)"

1. Seguramente ... te quiere hacer daño. **2.** Sospecho ... **3.** ... sospecha de ti. **4.** ... persona está en condiciones de hacerlo. **5.** Eso puede hacerlo ... **6.** ... te ha calumniado. **7.** Eso es ... que no puedo soportar. **8.** ... te ha visto. **9.** ... así es intolerable. **10.** ... mujer piensa igual que nosotras.

7. Poner el pronombre relativo

1. Eso es lo ... deseo. **2.** Es el chico ... trabaja en el bar de la esquina. **3.** Tu colega camina muy de prisa, ... puede ser peligroso. **4.** Lo ... dice es muy importante. **5.** Son las señoras a ... invité el otro día. **6.** ¿Son ésos los señores con ... has hablado hace un rato? **7.** Son unos amigos a ... conocí en España. **8.** Llegó un desconocido, ... dijo llamarse Segismundo Robles. **9.** Ésa es la señora ... hijo estudia para médico. **10.** Sus padres, ... cumplieron treinta años de casados, viajaron a Mallorca. **11.** El escritor del ... habláis murió hace un año. **12.** La dama ... hijas son tan bellas es noruega. **13.** Es el profesor ... alumnos son tan inteligentes. **14.** Son los alumnos ... profesora es tan guapa. **15.** Es la señora ... marido es el alcalde de esta ciudad. **16.** Eso es todo ... sé.

8. Ejercicios sobre los pronombres relativos

1. die Dame, von der ich mit dir gesprochen habe **2.** die Herren, mit denen ich gegessen habe **3.** der Junge, für den ich die CDs bringe **4.** das Mädchen, das ich begleitet habe **5.** die Kinder, für die wir Schokolade bringen **6.** der Herr, dessen Nichte du kennst **7.** das Haus, vor dem ein rotes Auto geparkt hat **8.** die Leiterin, deren Sohn ich im Spanischen unterrichtet habe **9.** Das sind die Mädchen, mit deren Freunden wir gefahren sind. **10.** Das ist das Werkzeug, mit dem ich die Waschmaschine repariert habe. **11.** die Wohnung, unter der unsere Wohnung liegt **12.** derjenige, der den Computer kaputtgemacht hat **13.** alle, die die Erklärung verstanden haben

9. Los jóvenes no saben lo que quieren

Los Paredes y los Ortega pasan un fin de semana juntos. Sus hijos han ido a comer fuera y luego irán a la discoteca. El señor Paredes opina:

- Lo que falta a los jóvenes de hoy es claridad de ideas y firmeza en las decisiones. En realidad, no saben lo que quieren. Eso es algo que yo no comprendo: cómo son capaces de hablar y discutir de cualquier cosa, y luego no saben decir qué quieren ser o qué es lo que buscan en la vida.

La señora Ortega no está totalmente de acuerdo:

- Es verdad, pero a mí me parece también que a los muchachos les exigimos demasiado pronto una especialización. Cuando alguien habla con ellos, les pregunta en seguida a qué quieren dedicarse toda la vida. A veces se ven obligados a seguir una carrera para la que no tienen inclinación o que no les gusta.

La señora Paredes, por el contrario, es de la opinión de su marido:

- Yo creo que cualquier joven está en condiciones de saber a qué se obliga y qué sacrificios debe aceptar si quiere llegar a ser alguien en la vida. Además, los que se deciden pronto tienen mayores ventajas y posibilidades que quienes están siempre dudando, o cambiando de estudios.

El señor Ortega se limita a contar una anécdota:

– Conocí a una familia para la cual la carrera de los hijos era todo. Le exigieron tanto al mayor, también respecto al deporte, al arte y a otras actividades, que al final el chico perdió completamente el interés por sus estudios. Según mi parecer, hay que respetar las inclinaciones de cada uno. Luego ya tendrán que adaptarse ellos mismos a las necesidades de la vida.

Subrayar o marcar todos los pronombres relativos del texto.

Proseguir la discusión completando tales perspectivas.

10. Traducir

1. Das ist der Herr, dem ich mein Haus verkauft habe. **2.** Die Stadt, in der ich wohne, gefällt mir nicht. **3.** Ich habe in Australien eine reiche und ledige Tante, der ich jeden Monat schreibe. **4.** Er will uns das Auto zeigen, das er vorige Woche gekauft hat. **5.** Wie heißen die Leute, bei denen Sie wohnen? **6.** Er wohnt in einem Dorf, das in den Bergen liegt. **7.** Ich glaube, das ist das, was du suchst. **8.** Wie heißen die Blumen, die dort in der großen Vase stehen?

11. Ejercicios sobre los pronombres relativos

1. Wie heißt jenes Fräulein dort, das jetzt mit einem Herrn spricht? **2.** Die Mädchen, die wir begleitet haben, studieren Philosophie und Germanistik. **3.** Situationen, die ich nicht kenne, kann ich nicht beurteilen. **4.** Er besichtigte die Kirche, vor der ein Denkmal stand. **5.** Das ist der Bruder der Frau, von der wir gesprochen haben. **6.** Eine Frau, deren Mann ich gut kenne, war gestern auf unserer Party. **7.** Herr García, dessen Frau verreist ist, war auch auf der Party.

12. Indicativo y subjuntivo en frases relativas

1. Tengo un libro que (hablar) ... de los indios amazónicos. **2.** Busco un libro que (hablar) ... del subjuntivo español. **3.** No encuentro ningún libro que (tratar) ... de ese tema. **4.** Necesitamos un albañil que (saber) ... hacer este trabajo. **5.** ¿Quién lo (saber) ...? **6.** No hay quien lo (saber) ... **7.** Lo que (querer; yo) ... es que me (ver) ... **8.** En España no hay quien (cenar) ... a las siete de la tarde. **9.** Hazlo como te (parecer) ... bien. **10.** Hagan lo que (querer; ustedes) ...

13. Los mayas

Los mayas habitan desde mediados del tercer milenio antes de Cristo el territorio del sur de México, Guatemala, Belice y parte de El Salvador y de Honduras.

Al principio recibieron la influencia de los olmecas. Durante el periodo clásico (292-900 d.C. aproximadamente) construyeron grandes templos. Los mayas establecieron una teocracia y crearon una jerarquía civil y religiosa. Desarrollaron una escritura jeroglífica, y se dio un gran florecimiento de la historia, medicina, matemáticas, astronomía, cronología y de las artes plásticas.

Lo que se conoce como literatura maya son los libros escritos a partir del siglo XVI en lenguas indígenas, pero con alfabeto latino. Los más importantes son el Popol Vuh, de los quichés de Guatemala, y los Libros de Chilam Balam, de los mayas de Yucatán.

Tenían una idea cíclica del tiempo. El pueblo adoraba las fuerzas naturales. Los mayas practicaban sacrificios humanos, pero en menor medida que los aztecas.

Construyeron templos, palacios, canchas para el juego de pelota, observatorios astronómicos, baños de vapor, arcos y tumbas. Lograron gran perfección en los relieves, en la pintura y en la cerámica.

La sociedad maya estaba dividida en clases: la nobleza, el pueblo y los esclavos. La base de la economía maya era el cultivo del maíz. El cacao, el jade y objetos de cobre tenían valor de moneda.

14. Preguntas sobre el texto

1. ¿En qué países hay población maya o de origen maya? **2.** ¿Desde cuándo habitan esas regiones? **3.** ¿Hay actualmente grupos indígenas que hablan maya? **4.** ¿De qué otros pueblos recibieron influencias culturales? **5.** ¿Qué significa "teocracia"? **6.** ¿Tuvieron escritura los mayas? ¿De qué tipo? **7.** ¿En qué sectores fue mayor el florecimiento cultural maya? **8.** ¿Qué tipos de edificios construyeron? **9.** ¿Qué son los "libros mayas"? **10.** ¿Cuáles son los principales? **11.** ¿Eran monoteístas los mayas? **12.** ¿Practicaban sacrificios humanos? **13.** ¿En qué ramos del arte alcanzaron mayor perfección? **14.** ¿En qué clases principales estaba dividida la sociedad maya?

15. ¿Quiénes tenían mayor poder? **16.** ¿La base de la economía eran los metales preciosos? **17.** ¿Tenían moneda?

15. Las preposiciones

1. Er ist zu Hause. **2.** Ich gehe nach Hause. **3.** Wir gehen in die Stadt. **4.** Die Kinder kommen aus der Schule. **5.** Der Zug kommt in Berlin um zehn Uhr an. **6.** Der Zug fährt über Düsseldorf. **7.** Deine Bücher sind dort auf dem Tisch. **8.** Der Hund ist unter dem Tisch. **9.** Das Auto ist vor der Haustür. **10.** Der Besen ist hinter der Tür. **11.** Jetzt gehen wir alle in die Bibliothek. **12.** Meine Kinder sind hier seit 9 Uhr. **13.** Sie sind seit zwei Stunden hier.

16. ¿Cómo se dice en español ...?

Er ist oben – er ist unten – er ist vorne – er ist hinten – es ist sehr früh – es ist sehr spät – oft – sehr oft – selten – sehr selten – es ist möglich – es ist unmöglich – es ist wahrscheinlich.

17. por/para

1. Si puedes, pasa ... mi casa. **2.** ¿Cuándo partís ... Irlanda? **3.** Todo esto es ... mi hijo. **4.** ¿Puedes venir mañana ... la tarde? **5.** Muchas gracias ... tu carta. **6.** ... este vídeo pagué menos de seiscientos euros. **7.** ... lo general comemos a la una. **8.** ¿... qué necesitas estas herramientas? **9.** Las necesito ... reparar unos muebles. **10.** Las necesito ... mañana. **11.** ... el coche pagamos quince mil dólares. **12.** Estos bombones son ... vosotros. **13.** ... él todo es muy fácil. **14.** Luchan ... la independencia.

18. Ejercicios sobre las preposiciones

1. Pienso siempre ... ella. **2.** Este coche pertenece ... gerente. **3.** No estoy acostumbrado ... beber. **4.** Tiene la mala costumbre ... interrumpir ... los demás. **5.** ¡Finalmente ha dejado ... llover! **6.** Habla mucho ... decir nada. **7.** Habla ... otra cosa. **8.** Debes obedecer ... tus padres. **9.** Tú tienes la culpa ... todo. **10.** Me echa la culpa ... mí. **11.** Tienes que ponerte ... estudiar. **12.** Su pueblo está ... la provincia de Álava. **13.** Vamos ... pasar ... allí. **14.** Se ha decidido ... comprar el tocadiscos. **15.** Ésta es la fábrica ... que trabajo. **16.** Estos libros los he comprado ... mi hijo. **17.** He tratado ... hacerlo. **18.** Tienes que ocuparte ... ese asunto. **19.** No tengo ganas ... nada. **20.** Ya he dejado ... fumar.

19. Completar con una preposición, si es necesaria

1. No es posible ... pagar tanto. **2.** Está acostumbrado ... comer poco. **3.** Me gusta ... descansar después ... la comida. **4.** ... dormir bien de noche no te debes cansar demasiado. **5.** No me decido ... hacerlo. **6.** No tiene ganas ... salir. **7.** Eso es fácil ... decir, pero difícil ... hacer. **8.** Todo es difícil ... la vida. **9.** Lo he olvidado ... nuevo. **10.** Es difícil ... aprender tantos nombres y fechas. **11.** ... veces me olvido ... traer mis libros. **12.** Es muy desagradable ... olvidar el dinero.

20. Ejercicios sobre las preposiciones

1. ¿Vas ... casa? **2.** He tenido que venir a la escuela ... pie. **3.** En el autobús tuve que venir ... pie. **4.** Voy a tratar ... hacerlo. **5.** Su suegro acaba ... comprarse una casa. **6.** ¿Ya te has acostumbrado ... la comida y ... (el) clima? **7.** Me alegro mucho ... conocerla. **8.** Entonces quedamos ... encontrarnos en El Gato Negro. **9.** He tardado una hora ... llegar al centro. **10.** La chica se niega ... salir con él. **11.** Usted debe dejar ... fumar, ... beber y ... perseguir a todas las mujeres. **12.** No se atreve ... pedirme más dinero. **13.** Se empeña ... demostrar que sabe más que todos. **14.** Hoy no para ... nevar.

21. Poner una preposición, si es necesaria

1. No es posible ... hacerlo en tan poco tiempo. **2.** Esto es muy difícil ... reparar. **3.** Dice ... que no puede traerlo. **4.** No se da cuenta ... nada. **5.** Estoy seguro ... que se ha olvidado. **6.** Estamos obligados ... hacerlo. **7.** Es difícil ... terminarlo para el viernes. **8.** Ha prometido ... pagarlo mañana. **9.** He tratado ... hacerlo. **10.** Ha intentado ... engañarme.

22. ¿Cómo se dice ...?

1. meiner Meinung nach **2.** während der Ferien **3.** gegen drei Uhr **4.** neben dem Fenster **5.** seinen Kollegen gegenüber **6.** um den Park herum **7.** anstatt es zu verkaufen **8.** fern von solchen Intrigen **9.** dank Ihrer Hilfe **10.** durch das Brett **11.** gemäß dem Gesetz **12.** infolge von geheimen Informationen **13.** trotz seinem Widerstand **14.** bezüglich Ihrer Bitte **15.** mit Rücksicht auf seine Gesundheit.

23. Completar

1. El chico la esperó ... la salida ... la fábrica. **2.** Pasa todo ... día sentado ... del televisor. **3.** No ... ocupa ... la casa ... de los niños. **4.** Ella los ayuda ... sus estudios. **5.** Los lleva ... la escuela y los trae ... ella. **6.** Tienes que ingresar ese dinero ... el banco. **7.** Los precios están ... las nubes. **8.** Escucha ...

prestar atención. **9.** Escucha, ... no presta atención. **10.** Su hermano canta ... la ópera. **11.** Anoche fuimos ... la zarzuela ... unos amigos. **12.** Yo soy ... otra opinión.

24. ¿Cuál es el gentilicio de ...?

Panamá – Paraguay – Brasil – Portugal – Córdoba – Ecuador – Noruega – Aragón – Burgos – Hungría – Venezuela – Holanda – Austria – Marruecos – los Alpes – Francia – Extremadura – Perú.

25. Diga de dónde provienen los siguientes gentilicios

habanero – caraqueño – bogotano – limeño – quiteño – paceño – santiaguino – asunceño – porteño – bonaerense – montevideano.

26. ¿Cómo se llaman los habitantes de ...?

Bolivia – Australia – Costa Rica – Santo Domingo – Dinamarca – Andalucía – Rusia – Filipinas – Holanda – Polonia – Hungría – Serbia – Croacia – Eslovenia – Eslovaquia.

27. Exprese con adjetivos compuestos (gentilicios) las relaciones entre

Alemania y Francia – Francia y España – España y Portugal – Portugal e Inglaterra – Inglaterra e Italia – Italia y Austria – Austria y Hungría – Grecia y Roma – Argentina y Perú – Europa y África – África y América.

28. Ejercicios sobre el indicativo y el subjuntivo

1. – Hola, José Luis, (querer; yo) ... pedirte un favor. **2.** – Con mucho gusto, lo que (querer; tú) ... **3.** – (Tratarse) ... de lo siguiente: **4.** la próxima semana mi hermana (ir) ... a dar una fiesta y (necesitar; ella) ... un estéreo, **5.** y como tú (tener) ... uno muy bueno ... **6.** – En realidad, el estéreo (ser) ... de mi hermano. **7.** A mí me lo (prestar; él) ... cuando yo lo (necesitar) ..., pero no (querer; él) ... que yo se lo (prestar) ... a otros. **8.** De todas formas, (ir; yo) ... a hablar con él, y no creo que (tener; él) ... inconveniente. **9.** ¿Para cuándo lo (necesitar; tú) ...? **10.** – Para mañana o pasado mañana, si te (ser) ... posible. **11.** – Mañana te lo (traer; yo) ...

29. Ejercicios sobre el indicativo y el subjuntivo

1. Su yerno dice que mañana te (ir; él) ... a traer el dinero. **2.** Dice que, por favor, le (traer; tú) ... el disco cuanto antes. **3.** Es necesario que se lo (pagar; vosotros) ... en seguida. **4.** Es claro que (tener; ellos) ... mucho interés en ese proyecto. **5.** Espero que (responder; ellos) ... a tiempo. **6.** No es probable que (querer; ella) ... vender el piso. **7.** Es mejor que se lo (devolver; tú) ... **8.** Creo que así (ser) ... más fácil conseguirlo. **9.** Preferimos que no se lo (decir; vosotros) ... **10.** Parece que (haber; él) ... dejado su puesto. **11.** Es muy saludable que (caminar; usted) ... por lo menos una hora al día. **12.** No es posible que (tener; tú) ... siempre miedo de todo. **13.** Es raro que no (estar; ellos) ... en su lugar. **14.** Es casi seguro que le (conceder; ellos) ... una beca. **15.** Realmente me parece muy extraño que su nuera no os (haber) ... contado lo que pasó.

30. Ponga los tiempos correspondientes del pasado

1. Hace tres días (estar, nosotros) ... muy nerviosos, porque (tener, nosotros) ... un examen muy difícil. **2.** No (haber, nosotros) ... podido estudiar bien. **3.** Ya (esperar, nosotros) ... diez minutos en el aula, cuando de repente (entrar) ... el jefe del departamento de español. **4.** Nos (decir, él) ... que el profesor de ese curso (estar) ... enfermo. **5.** Nosotros (alegrarnos) ... mucho. **6.** Pero nuestra alegría (durar) ... muy poco, porque el profesor (haber) ... preparado el examen. **7.** El jefe de la sección nos (repartir) ... las hojas. **8.** Pero felizmente las preguntas no (ser) ... demasiado difíciles. **9.** Casi todos (terminar) ... en media hora. **10.** Luego (marcharnos) ... a casa.

31. Ejercicios sobre los tiempos del pasado

1. Hace diez años mi hermana (casarse) ... con un señor muy rico, que (ser) ... zoólogo. **2.** Después de la boda (partir, ellos) ... para la Antártida. **3.** (Estudiar, ellos) ... tanto la vida de los pingüinos, que al final ambos (caminar) ... como éstos. **4.** Dos años más tarde (irse, ellos) ... a Australia. **5.** Allí (abandonar, ellos) ... esos estudios y (comprarse) ... trescientas hectáreas de tierra. **6.** En cambio, mi primo (emigrar) ... a Estados Unidos, pero no (encontrar) ... trabajo. **7.** Por eso, después de unos meses (tener, él) ... que volver. **8.** Cuando yo (ser) ... joven, (ser) ... más fácil emigrar a otros países. **9.** Entonces (haber) ... más oportunidades. **10.** En muchos lugares, los inmigrantes (poder) ... ganar mucho dinero. **11.** Pero ahora eso ya (terminar) ...

EJERCICIOS B

1. Formar frases empleando "quien", "quienes"

1. Me ha escrito una amiga – la quiero mucho **2.** Tememos que venga alguien no conocido **3.** Ésta es mi hermana – te he hablado de ella **4.** Voy de excursión con unos amigos – no los conoces **5.** Te presento al camarero – te pasará la cuenta **6.** Escribí a mi padre – sin él no puedo tomar una decisión importante **7.** Aquí vive la señora – para ella compré las flores **8.** Ha llamado una muchacha – la conozco muy bien **9.** Te hablaba de Carmen – estuve prometido con ella **10.** Vengo de casa de unos amigos – discutí mucho con ellos.

2. Formular las frases siguientes empleando "cuyo", "cuya", "cuyos", "cuyas"

Conozco una ciudad – su historia es antiquísima ➜ Conozco una ciudad cuya historia es antiquísima.

1. Juan trabaja en un almacén – el jefe es mexicano. **2.** Dormimos en un hotel – las habitaciones no eran muy modernas **3.** Estudiaron en un colegio – los profesores eran muy exigentes **4.** Tengo una amiga – sus padres son cubanos **5.** Aquí hay un hotel – en el restaurante se come bien **6.** Éste es mi amigo – sus artículos son muy comentados **7.** Voy a visitar a un señor – su casa está muy lejos **8.** Les presento un nuevo libro – su impresión es excelente **9.** Hablamos de un país – su gobierno está a punto de dimitir **10.** He conocido a un periodista – sus colaboraciones me interesan **11.** Ésta es la señora – te hablé de su hija hace unos días **12.** ¿Te acuerdas de la casa – su fachada fue renovada por Carlos? **13.** Éstos son los señores – trabajo en su firma **14.** Voy a la playa – la dirección me (la) diste tú **15.** Ahí está la catedral – te he hablado mucho de sus vidrieras.

3. Conjugar en la primera pers. sing. del pretérito indefinido, futuro imperfecto, presente de subjuntivo

volar – volver – quedar – ver – traducir – quitar – poder – reflexionar – oír – saber – venir – dormir – recordar – decir – proteger – ayudar – escribir – invitar – decidir.

4. Traducir

1. Wir waren von 15 Uhr bis 18.30 Uhr zusammen. **2.** Ich bin seit September 1982 in München. **3.** Sie sind bis Januar verreist. **4.** Ich begleite dich bis zum Rathaus. **5.** Vom 1. August bis Mitte September haben wir Ferien. **6.** Wie lange bist du schon da? **7.** Seit wann sind deine Freunde verheiratet?

8. Von da an haben sie sich nicht mehr gesehen. 9. Es ist schon sehr lange her, daß wir uns zuletzt geschrieben haben. 10. Also, bis auf weiteres!

5. Distinguir entre indicativo y subjuntivo

1. En la carta, mi amigo dice que en España (hacer) ... mucho frío. 2. Di a tu amigo que no (meter) ... tanto ruido. 3. Con lo mucho que has estudiado, (aprobar) ... el examen. 4. No has estudiado mucho, pero tal vez (aprobar) ... el examen. 5. Creo que el jefe (ayudarte) ..., porque te aprecia mucho. 6. No creo que el alcalde (concederle) ... autorización para modificar la fachada, porque es un edificio histórico.

6. Colocar la preposición adecuada

1. La Rioja es una región famosa ... sus vinos. 2. Mañana saldremos ... Londres; pasaremos ... París. 3. Me desprecian ... joven e inexperto: dicen que no valgo ... este puesto. 4. En la fachada del cuartel se lee: "Todo ... la Patria". 5. Dejó la traducción ... imposible ... otro día. 6. Si les parece, damos ... terminada la reunión.

7. Expresar con pronombres posesivos

1. ¿De quién es el libro? - (de Lola); es ... 2. ¿De quién es la maleta? – (de Paco); es ... 3. Este coche me pertenece; es ... 4. La bicicleta es de los vecinos; es ... 5. Los bultos son de los turistas; son ... 6. Las motos pertenecen a los jóvenes; son ... 7. Las cartas os las mandaron a vosotros; son ... 8. He comprado el reloj para ti; es ... 9. La casa es propiedad de mi familia; es ... 10. Los muebles son propiedad de la firma; son ...

8. Completar con preposiciones

1. Me gusta viajar ... tierra, mar y aire, ... coche, ... tren, ... avión y ... barco; pero también me gusta andar ... bicicleta y sobre todo, ... pie. 2. ¿Le pagan bien ... un trabajo tan difícil? 3. Mañana salimos ... Madrid ... Barcelona; pasaremos ... Calatayud. 4. Trabajo ... gusto y también ... vivir. 5. ¿... cuándo estará lista la traducción? 6. Iremos a España ... Navidades, ... visitar a unos amigos. 7. ... lo poco que trabajas, estás bien pagado. 8. Salgan, ... favor, ... la puerta trasera. 9. Si vas ... Madrid, pregunta ... Maruja. 10. Lo extraño es que sólo me duele la cabeza ... las mañanas.

9. Poner el verbo en la forma adecuada

1. ¿(Desayunar) ... Vd. ya? Yo (desayunar) ... en el hotel. 2. En los últimos decenios (progresar) ... mucho la técnica. 3. El otro día (llover) ... mucho.

Este año (llover) ... más que el pasado. **4.** El 18 de julio de 1936 (comenzar) ... la guerra civil en España. **5.** (Ser) ... las 6 de la mañana. Todos (dormir) ... De pronto, (oírse) ... un grito. Todos (abrir) ... las ventanas, pero la calle (estar) ... vacía. Nadie (atreverse) ... a salir de casa. **6.** Este año (haber) ... una buena cosecha de trigo. *(pasado)* **7.** La semana pasada (encontrar; yo) ... a tus padres en la estación; les (preguntar) ... por tu hermana, y (decirme) ... que (estar) ... en Roma; ¿(volver) ... ya? **8.** El mes próximo, todos los estudiantes (estar) ... de vacaciones. **9.** Una vez (haber) ... una niña que (llamarse) ... Blancanieves. **10.** Cuando (llegar) ... por fin el tren de las 9, todos (esperar) ... impacientes.

10. Traducir

1. Wir freuen uns über deinen Erfolg. **2.** Ich spiele nicht Tennis, ich spiele Fußball. **3.** Meine Tochter spielt Klavier. **4.** Ich habe nichts davon gehört. **5.** Für nächstes Jahr plane ich eine Reise nach Portugal. **6.** Manche Menschen glauben an Gespenster.

11. Poner los verbos en la forma requerida por el sentido

1. Cuando (salir) ... mis amigos, ya (ser) ... bastante tarde; el reloj de la catedral (dar) ... las tres de la madrugada cuando (arrancar) ... el coche. **2.** Este botijo lo (comprar, yo) ... en las últimas vacaciones que (pasar, yo) ... en España. (Haber) ... muchos modelos, pero (decidirme) ... por éste. **3.** Al principio, el niño no (saber) ... qué decirme, pero pronto (hacernos) ... amigos. **4.** Ya (ser) ... las doce de la noche: ¡cómo (pasar) ... el tiempo! **5.** Antes de las vacaciones, todos (deber) ... prepararse para los exámenes; no (ser) ... difíciles, pero (tener) ... sus dificultades.

12. Explicar el sentido de las expresiones subrayadas

1. Las ventanas estaban abiertas de par en par. **2.** Mi tío es la mar de bueno; tiene la mar de libros. **3.** Los sábados las discotecas están a tope. **4.** Nos hemos divertido de lo lindo. **5.** Se marcharon a hurtadillas. **6.** Deja todas las cosas a medio hacer. **7.** Se echó a reír a carcajadas. **8.** Llovía a cántaros cuando llegamos a Venecia. **9.** La lección está a medio explicar. **10.** Lo ha hecho a sabiendas. **11.** El niño andaba a gatas por el pasillo. **12.** Aquí me encuentro a mis anchas.

13. Colocar las preposiciones

1. Nos dirigimos ... España ... rumbo fijo. **2.** Colocaos un poquito más ... la derecha. **3.** Bebe ... apagar la sed, pero ... emborracharte, ... favor. **4.** Es un buen chico, pero tiende ... exagerar, ... veces, incluso ... mentir. **5.** Su interés ... la música es conocido; desde niño tiene gran inclinación ... todas las manifestaciones ... arte. **6.** Ha sido operado ... apendicitis, pero ya está ... vías ... plena recuperación. **7.** Al llegar ... la plaza, torcéis ... la izquierda, luego seguís ... una calle estrecha ... la Catedral. **8.** Los pimientos están ... dos euros el kilo. **9.** Era una chica ... noble familia, pero ... muchas deudas. **10.** ... las próximas elecciones voy ... votar ... los azules.

14. ¿Ser – estar – hay?

1. Me parece que el diccionario no ... muy bueno; no ... casi ejemplos de construcción y ... difícil hallar modismos corrientes: además, las acepciones no ... siempre bien ordenadas. **2.** ¿... ya todos reunidos? Ya ... la hora de volver, pero todavía ... tiempo para tomar un refresco. **3.** El clima de Mallorca ... suave: ... días relativamente desapacibles, pero los turistas ... satisfechos. **4.** Toledo ... una ciudad llena de arte; ... ejemplos maravillosos de todos los estilos y épocas; ... a orillas del Tajo y ... digna de una detenida visita. **5.** Los Monegros ... una región árida y por eso ... poco poblada y apenas ... ciudades de importancia; ... en las provincias de Huesca y Zaragoza.

15. Traducir

1. Traue ihm nicht! **2.** Ich bin eben dabei, die Übersetzung zu beenden. **3.** Er hat soeben gesagt, daß die Gäste abgereist sind. **4.** Hoffentlich ist ihr nichts passiert. **5.** Ich kann nicht oft genug sagen, wie schön es auf Mallorca war. **6.** Auf Wiedersehen! Bis bald! **7.** Zufällig kam ich an seinem Haus vorbei, als die Bombe explodierte. **8.** Zweifellos werden Sie bald vollständig gesund. **9.** Teilen Sie mir postwendend weitere Einzelheiten mit. **10.** Schließlich hat auch sie gemerkt, daß der Kerl ein Lump war.

16. Traducir

1. Diese Arbeit erfordert viel Kraft. **2.** Ich habe mich mit deinem Freund auf Spanisch unterhalten. **3.** Er hat gelogen, aber er bereut es wirklich. **4.** Er hat nicht alles erlaubt, was wir ihm vorgeschlagen haben. **5.** Plötzlich ist er aus Amerika zurückgekehrt. **6.** Ich werde mich dagegen wehren! **7.** Es gibt keinen Grund aufzuhören. **8.** Wir werden über diese Angelegenheit nicht mehr sprechen. **9.** Ich verstehe dich nicht; kannst du mir das Problem noch einmal erklären? **10.** Ich werde mich für ihre Lage interessieren.

17. Complete las frases con indefinido o imperfecto

1. Cuando me (ver, él) ..., no (saber, él) ... qué decir. **2.** Mientras (dormir, tú) ..., yo (estudiar) ... **3.** Ayer (ser) ... un día muy extraño. Primero (llover) ..., luego (salir) ... el sol y después (volver) ... a llover. **4.** ¿Por qué lo (decir, tú) ... si no (estar, tú) ... seguro? **5.** El otro día me (explicar, ellos) ... que eso no (ser) ... verdad. **6.** Primero (pensar, yo) ... que no (poder) ... ser verdad, pero luego me lo (creer, yo) ...

18. Traducir

1. Das Kind schläft, wecke es nicht auf! **2.** Machen Sie sich's bequem. **3.** Machen Sie bitte den Platz frei! **4.** Achten Sie darauf! **5.** Nehmt es nicht so ernst! **6.** Komm nicht zu spät!

19. Traducir

1. Es kann sein, daß einer der Kunden die Sendung nicht annimmt. **2.** Du wirst das tun, was man dir sagt. **3.** Ich glaube nicht, daß du recht hast. **4.** Es ist eigenartig, daß er diese Prüfung nicht bestanden hat. **5.** Gott schütze euch! **6.** Ich werde verhindern, daß er bei diesem Nebel fortgeht. **7.** Würdest du mich informieren, wenn du mit ihm sprichst? **8.** Wir suchen einen Übersetzer, der Englisch und Spanisch perfekt beherrscht.

20. ¿De dónde proceden los gentilicios ...?

ecuatoriano – sajón – lapón – neoyorquino – donostiarra – cántabro – gaditano – salmanticense – salmantino – levantino – chipriota – llanero – bávaro – ginebrino – dominicano – genovés – abulense – extremeño – habanero – mallorquín – bonaerense – porteño – turco – danés – renano – tirolés – alpino – pirenaico – gallego – nepalí.

21. Leer en voz alta y explicar las formas verbales

¡Qué lástima!

¡Qué lástima
que yo no tenga una casa!,
una casa solariega y blasonada,
una casa
en que guardara,
a más de otras cosas raras,
un sillón viejo de cuero, una mesa apolillada
y el retrato de un mi abuelo que ganara

una batalla
¡Qué lástima
que yo no tenga un abuelo que ganara
una batalla
retratado con una mano cruzada
en el pecho, y la otra mano en el puño de la espada!
Y ¡qué lástima
que yo no tenga siquiera una espada!
Porque ... ¿qué voy a cantar si no tengo ni una patria,
ni una tierra provinciana
ni una casa
solariega y blasonada,
ni el retrato de un mi abuelo que ganara
una batalla,
ni un sillón viejo de cuero, ni una mesa, ni una espada?

León Felipe

22. Traducir

1. Fragen Sie uns! **2.** Wollen Sie, daß ich mit ihm spreche? **3.** Kennst du jemand, der gut singt? **4.** Wir sind seit Dezember hier. **5.** Er kam vor drei Wochen an. **6.** Er wünscht, daß du weniger sprichst.

23. Traducir

1. Gestern rief mich meine Tante an. **2.** Der Arzt kam mehrmals in der Woche. **3.** Bitte geben Sie mir eine Flasche Wein. **4.** Ich kenne sie nicht. **5.** Sprich nicht mit ihm! **6.** Verbieten Sie es ihm! **7.** Wir werden es tun, ohne daß er es merkt. **8.** Ich werde alle meine Freunde besuchen. **9.** Dieses Buch ist für meinen Freund. **10.** Ich kaufte das Buch für 47 Euro.

13. KAPITEL

1. Gruppenverben

a. Gruppe "pedir" (bitten, fordern, verlangen)

Präsens Indikativ	Präsens Subjuntivo	Indefinido	Participio perfecto	Gerundio
pido **pides** **pides** pedimos pedís **piden**	**pida** **pidas** **pida** **pidamos** **pidáis** **pidan**	pedí pediste **pidió** pedimos pedisteis **pidieron**	pedido	**pidiendo**

Wichtige Verben dieser Gruppe:

conseguir (erlangen; erreichen),
corregir (korrigieren; verbessern),
despedir (verabschieden; entlassen),
despedirse (sich verabschieden),
elegir (wählen; auswählen),
expedir (verschicken),
impedir (hindern; verhindern),
pedir (bitten; verlangen; fordern),
perseguir (verfolgen),
reír(se) (lachen),
rendir (leisten),
rendirse (sich ergeben),
repetir (wiederholen),
seguir (folgen; fortfahren; weitermachen),
servir (dienen; servieren),
sonreír (lächeln),
vestir (kleiden; anziehen),
vestirse (sich anziehen).

Bitte merken!

1. Conseguir bedeutet auch „gelingen"; z.B.

No consigo hablar con él.	Es gelingt mir nicht, mit ihm zu sprechen.

2. Corrijo, corriges, corrige ..., elijo, eliges, elige ..., me río, te ríes, se ríe ...

Nach der Rechtschreibreform von 1999 kann die 3. Person des Verbs **reír** sowohl als **rió** (zwei Silben!) wie auch **rio** (als Diphthong) geschrieben werden. **Sonrió** dagegen muß einen Akzent tragen, weil das Wort zweisilbig ist (wie **tomó**).

b. Gruppe "sentir" (fühlen; bedauern)

Präsens Indikativ	Präsens Subjuntivo	Indefinido	Participio perfecto	Gerundio
siento	**sienta**	sentí	sentido	**sintiendo**
sientes	**sientas**	sentiste		
siente	**sienta**	**sintió**		
sentimos	**sintamos**	sentimos		
sentís	**sintáis**	sentisteis		
sienten	**sientan**	**sintieron**		

Wichtige Verben dieser Gruppe:

advertir (hinweisen; warnen; benachrichtigen);
arrepentirse de algo (etwas bereuen);
consentir (zustimmen; bewilligen);
divertir (unterhalten);
divertirse (sich vergnügen; sich amüsieren);
herir (verletzen, a. fig.);
herirse (sich verletzen);
mentir (lügen);
preferir (vorziehen, lieber haben);
presentir (ahnen, vorahnen);
referir (erzählen);
referirse a algo/a alguien (sich auf etwas/auf jemanden beziehen);
sentir (fühlen; bedauern).

c. Gruppe "conocer" (kennen; kennenlernen)

Verben auf **-acer** (außer: hacer + Komposita)
Verben auf **-ecer** (außer: mecer = wiegen, schaukeln),
Verben auf **-ocer** (außer: cocer = kochen + Komposita).
Verben auf **-ucir** (Siehe Bemerkung unten)

haben in der 1. Person Präsens Singular **zc**; nach der Ableitungsregel für den Konjunktiv Präsens (vgl. S. 41) setzt sich die **zc**-Erweiterung durch den gesamten Konjunktiv Präsens und die daraus abgeleiteten Imperative fort (vgl. Tabelle S. 46).

Präsens Indikativ	Präsens Subjuntivo	Indefinido	Participio perfecto	Gerundio
conozco	**conozca**	conocí	conocido	conociendo
conoces	**conozcas**	conociste		
conoce	**conozca**	conoció		
conocemos	**conozcamos**	conocimos		
conocéis	**conozcáis**	conocisteis		
conocen	**conozcan**	conocieron		

Verben auf **-ducir** haben ein unregelmäßiges Indefinido: **conducir** (conduje, condujiste, condujo, condujimos, condujisteis, condujeron), **traducir** (traduje, tradujiste, tradujo, tradujimos, tradujisteis, tradujeron). Ebenso: **deducir** (herleiten), **reducir** (verringern). **Ansonsten werden diese Verben wie conocer behandelt!** (Vgl. S. 99).

d. Gruppe "construir" (bauen, erbauen)

Die Endungen des Präsens, die nicht mit **i** beginnen, erhalten ein eingeschobenes **y**.

Präsens Indikativ	**Präsens Subjuntivo**	**Indefinido**	**Participio perfecto**	**Gerundio**
construyo **construyes** **construye** construimos construís **construyen**	**construya** **construyas** **construya** **construyamos** **construyáis** **construyan**	construí construiste **construyó** construimos construisteis **construyeron**	construido (**ohne** Akzent!)	**constru-yendo**

Wichtige Verben dieser Gruppe:

atribuir (zuteilen);
constituir (bilden, darstellen);
contribuir a (beitragen zu);
destruir (zerstören);
disminuir (vermindern);
distribuir (verteilen);
excluir (ausschließen),
fluir (fließen);
huir (fliehen);
incluir (einschließen);
influir en algo/alguien (etwas/jemanden beeinflussen);
sustituir (ersetzen; vertreten)

e. Gruppe "dormir" (schlafen)

Präsens Indikativ	**Präsens Subjuntivo**	**Indefinido**	**Participio perfecto**	**Gerundio**
duermo **duermes** **duerme** dormimos dormís **duermen**	**duerma** **duermas** **duerma** **durmamos** **durmáis** **duerman**	dormí dormiste **durmió** dormimos dormisteis **durmieron**	dormido	**durmiendo**

Wichtige Verben dieser Gruppe:

dormir (schlafen),
dormirse (einschlafen),
morir (sterben, a. fig.),
morirse (umkommen, a. fig.).

BITTE MERKEN! Das Partizip von **morir** ist unregelmäßig: **muerto**. Es para morirse de risa = es ist zum Totlachen. Morirse de hambre/de sed/de cansancio = vor Hunger/Durst/Müdigkeit umkommen.

f. Gruppe "jugar" (spielen)

Hier wird in den stammbetonten Formen **u** zu **ue**; bitte auch auf die orthographischen Veränderungen im Konjunktiv Präsens achten!

Präsens Indikativ	Präsens Subjuntivo	Indefinido	Participio perfecto	Gerundio
juego	**juegue**	jugué	jugado	jugando
juegas	**juegues**	jugaste		
juega	**juegue**	jugó		
jugamos	juguemos	jugamos		
jugáis	juguéis	jugasteis		
juegan	**jueguen**	jugaron		

g. Gruppe "enviar" (schicken)

In den stammbetonten Formen erhält das **i** einen Akzent und wird als Stammvokal betont.

Präsens Indikativ	Präsens Subjuntivo	Indefinido	Participio perfecto	Gerundio
envío	**envíe**	envié	enviado	enviando
envías	**envíes**	enviaste		
envía	**envíe**	envió		
enviamos	enviemos	enviamos		
enviáis	enviéis	enviasteis		
envían	**envíen**	enviaron		

Wichtige Verben dieser Gruppe:

ampliar (erweitern),
confiar en alguien (auf jemanden vertrauen),
enfriar (abkühlen),
fiarse de alguien (sich auf jemanden verlassen),
guiar (leiten; führen),
resfriarse (sich erkälten),
telegrafiar (telegraphieren),
variar (ändern; variieren).

Nicht alle Verben auf **-iar** gehören in diese Gruppe:

apreciar (achten, hochschätzen),
cambiar (wechseln; ändern; umtauschen),
copiar (kopieren; abschreiben),
denunciar (anzeigen),
despreciar (verachten),
diferenciar (unterscheiden),
envidiar (beneiden),
estudiar (lernen; studieren),
fastidiar (auf die Nerven gehen),
iniciar (beginnen),
limpiar (putzen; saubermachen),
odiar (hassen)

bilden einen Diphthong mit dem Endungsvokal und erhalten **keinen Akzent**; z.B. cambio, cambias, cambia, cambiamos, cambiáis, cambian.

Nach der Rechtschreibreform von 1999 kann die 1. und die 3. Person Indefinido von **guiar** und **fiarse** entweder als **guié/fié/guió/fió** (zweisilbig) oder als **guie/fie/guio/fio** (Diphthong) geschrieben werden.

h. Gruppe "continuar" (fortfahren, fortsetzen)

In den stammbetonten Formen erhält das **u** einen **Akzent** und wird als Stammvokal betont.

Präsens Indikativ	**Präsens Subjuntivo**	**Indefinido**	**Participio perfecto**	**Gerundio**
continúo **continúas** **continúa** continuamos continuáis **continúan**	**continúe** **continúes** **continúe** continuemos continuéis **continúen**	continué continuaste continuó continuamos continuasteis continuaron	continuado	continuando

Wichtige Verben dieser Gruppe:

acentuar (betonen a. fig.; hervorheben; akzentuieren);
actuar (tätig sein);
continuar (fortsetzen; fortfahren).

Nicht alle Verben auf **-uar** gehören in diese Gruppe. Eine ganze Reihe von Verben bilden einen Diphthong mit dem Endungsvokal und erhalten **keinen Akzent**; z.B. **averiguar** (erforschen): averiguo, averiguas, averigua, averiguamos, averiguáis, averiguan. Zu diesen Verben gehören: **aguar** (wässern, mit Wasser mischen), **atestiguar** (bezeugen), **evacuar** (räumen; evakuieren; mit und ohne Akzent!), **fraguar** (schmieden, aushecken).

i. "andar" (gehen; laufen)

bildet ein **unregelmäßiges Indefinido.**

anduve	**anduvimos**
anduviste	**anduvisteis**
anduvo	**anduvieron**

2. Indicativo und subjuntivo nach bestimmten Konjunktionen

a. Immer mit Subjuntivo stehen Konjunktionen wie z.B.

sin que = ohne, (daß)
para que, a fin de que = damit
antes que, antes de que = bevor
en caso de que = falls, im Falle, daß
con tal que, con tal de que = vorausgesetzt, daß
a no ser que, a menos que, salvo que, excepto que = es sei denn, daß

No trabaja **sin que** le pague. Te lo digo **para que** lo sepas. Se lo doy **antes (de) que** salga. **En caso de que** no termine el trabajo tendrá problemas con el jefe. Iré al cine **con tal que** me invites. Te llamaré mañana, **a no ser que** resuelva antes el problema.

b. Indicativo oder Subjuntivo mit entsprechender Bedeutungsänderung

Nach folgenden Konjunktionen kann **indicativo** oder **subjuntivo** stehen - wobei sich die Bedeutung entsprechend ändert:

aunque + Indicativo	**obwohl (feststehende Tatsache)**
aunque + Subjuntivo	**selbst wenn (Möglichkeit)**

Aunque llueve, doy/daré un paseo. Obwohl es regnet, mache ich/werde ich einen Spaziergang machen. **Aunque llueva**, doy/daré un paseo. Selbst wenn es regnet, mache ich/werde ich einen Spaziergang machen.

siempre que + Indicativo	**immer wenn, jedesmal wenn**
siempre que + Subjuntivo	**vorausgesetzt daß, falls**

Siempre que nos visita hablamos de su familia. Immer wenn er uns besucht, sprechen wir von seiner Familie. Se lo diré **siempre que no tengas** nada que objetar. Ich werde es ihm sagen, vorausgesetzt du hast nichts dagegen.

hasta que + Indicativo	**bis (bekannte Handlung/Tatsache)**
hasta que + Subjuntivo	**bis (unbekannte Handlung/Zukunft)**

Estudié todo el día **hasta que me dormí**. Ich lernte den ganzen Tag, bis ich einschlief. Estudiaré **hasta que empiece** el cine. Ich werde lernen, bis das Kino beginnt.

después de que + Indicativo	**nachdem (bekannte Handlung/Tatsache)**
después de que + Subjuntivo	**nachdem (unbekannte Handlung/Zukunft)**

Después de que mi hijo **terminó** el trabajo, yo me fui a España. Nachdem mein Sohn die Arbeit beendet hatte, fuhr ich nach Spanien. Lo haré **después de que** me **comuniquen** los detalles. Ich werde es tun, nachdem man mir die Einzelheiten mitgeteilt hat.

cuando + Indicativo	**wenn (Tatsache); immer wenn**
cuando + Subjuntivo	**wenn (Handlung in der Zukunft)**

Me llama **cuando llega**. (Immer) wenn er ankommt, ruft er mich an. Lo haré **cuando tenga** tiempo. Ich werde es tun, wenn ich Zeit habe.

en cuanto + Indicativo	**sobald (Tatsache)**
en cuanto + Subjuntivo	**sobald (zukünftig)**

En cuanto llega a casa, enciende el televisor. Sobald er/sie nach Hause kommt, macht er/sie den Fernseher an. **En cuanto llegues** a Madrid, llámanos, por favor. Sobald du in Madrid ankommst, ruf uns bitte.

mientras + Indicativo	**während**
mientras + Subjuntivo	**solange**

Mientras trabajo, escucho música. Während ich arbeite, höre ich Musik. Viajaré **mientras viva**. Ich werde reisen, solange ich lebe.

BITTE NICHT VERWECHSELN:

Mientras (s. oben) und **mientras que**, das zur Hervorhebung eines Gegensatzes dient:
z.B. Yo trabajo, **mientras que** él pasa todo el día en el bar. Ich arbeite, während er den ganzen Tag in der Kneipe verbringt. **Mientras que** regiert immer den Indikativ, da es sich dabei um eine Tatsache bzw. Feststellung handelt.

Si (wenn, falls) steht **niemals mit Konjunktiv Präsens**. Si viene me alegro. Wenn er kommt, freue ich mich. No sé si vendrá. Ich weiß nicht, ob er kommen wird. **Si** kann aber mit **imperfecto de subjuntivo** und **pluscuamperfecto de subjuntivo** verwendet werden. (Vgl. S. 128–129).

3. Das Passiv und seine Ersatzformen (La voz pasiva y las construcciones impersonales)

Der **Gebrauch des Passivs** ist im Spanischen **nicht sehr häufig**. Denn man **zieht** – wenn möglich – **die aktive Aussage vor**. Oft wird das Passiv durch die **reflexive (unpersönliche) Verbform** oder **andere Ersatzformen** wiedergegeben (s. die entsprechenden Punkte im Anschluß).

a. Bildung des Passivs

Das Passiv wird gebildet mit **ser + Partizip** (veränderlich).

Der „**Urheber**", also die handelnde Person, wird mit **por** angeschlossen. América fue descubierta **por** Cristóbal Colón. Amerika wurde von Christoph Kolumbus entdeckt. El Rey de España fue recibido **por** el Canciller alemán. Der spanische König wurde vom deutschen Bundeskanzler empfangen.

Bei **Verben**, die eine **Empfindung** oder **Begleitung** ausdrücken, wird der **Urheber** meistens mit **de** angeschlossen. Verben der **Empfindung** sind z.B. **estimar** (achten, hochschätzen), **odiar** (hassen), **querer** (lieben, mögen). Verben der **Begleitung** sind z.B. **acompañar** (begleiten), **rodear** (umgeben), **seguir** (folgen). Eres estimado **de** todos. Du wirst von allen geschätzt. El ministro fue acompañado **de** su esposa. Der Minister wurde von seiner Frau begleitet.

b. Die Konstruktion mit "se"

Die **„reflexive" (unpersönliche) Verbform ersetzt sehr häufig das Passiv** (**se** = man).

Se vende la casa.	Das Haus wird verkauft.
Se venden libros.	Man verkauft Bücher. Bücher werden verkauft (wörtl.: Bücher verkaufen sich).
Aquí **se habla** francés.	Hier wird Französisch gesprochen.
En Suiza **se hablan** cuatro idiomas.	In der Schweiz werden vier Sprachen gesprochen (= spricht man...).

Die Konstruktion mit **se** bleibt im **Singular**, **wenn eine Präposition folgt**. **Se invitó** sólo a las personas más importantes. Man lud nur die wichtigsten Personen ein.

Die unpersönlichen Formen des Verbs **haber** – **hay, hubo, había, habrá, ha habido** – bleiben ebenfalls stets im **Singular**. **Ha habido** problemas. Es hat Probleme gegeben. **Había** muchos problemas no resueltos. Es gab viele ungelöste Probleme. **Hubo** grandes fiestas. Es gab große Feste.

c. Passiv mit der 3. Person Plural

Oft wird das Passiv auch durch die **unpersönliche 3. Person Plural** ausgedrückt: En nuestra calle **construyen** otra vez un nuevo rascacielos. In unserer Straße wird schon wieder ein neues Hochhaus gebaut (... bauen sie ...). **Dicen** que lo **prohibirán**. Man sagt, daß es verboten wird.

d. Das „Zustandspassiv"

Das Resultat der Handlung im Passiv bzw. der dann eingetretene Zustand wird mit

estar + Partizip (veränderlich)

ausgedrückt (**„Zustandspassiv"**) (vgl. Teil I, S. 55: ser + estar!): La ventana **ha sido abierta**. Das Fenster wurde geöffnet. Ahora **está abierta**. Jetzt ist es geöffnet. **Se han vendido** los libros. Die Bücher wurden verkauft. Ahora los libros **están vendidos** ya. Jetzt sind die Bücher schon verkauft.

(Zu diesem Kapitel vgl. Teil I, S. 133–134. „man"!)

EJERCICIOS A

1. En el hotel

Los Müller llegan a Madrid. Se van a quedar tres semanas en España, pero no en el mismo lugar.

- ¿Tienen habitaciones libres?
- Sí. Nos quedan una doble y dos individuales.
- Necesitamos una doble y una individual.
- ¿Cuánto tiempo se van a quedar?
- Aquí una semana. ¿Tienen garaje?
- Sí, detrás del hotel, a la derecha.
- ¿A qué hora sirven el desayuno?
- De las siete a las diez. El comedor está allí al fondo. El chico les va a subir su equipaje. Son los números 24 y 25, en el segundo piso. Aquí tienen las llaves.
- Gracias. Hasta más tarde.

2. Ejercicios sobre el grupo "pedir" (presente)

1. Yo (pedir) ... un filete y una ensalada. **2.** ¿Qué (pedir) ... vosotros? **3.** Nosotros (pedir) ... lo mismo que vosotros. **4.** Haciendo así, usted (impedir) ... las pesquisas de la policía. **5.** Si (conseguir; tú) ... que te escuche, será un gran paso. **6.** No sé qué pasa, pero al final yo (elegir) ... siempre lo mejor y lo más caro. **7.** Los chicos (repetir) ... la lectura dos o tres veces. **8.** ¿De quién (reírse) ... usted? **9.** No (reírse; yo) ... de usted, sino de ese señor que está allí en la barra. **10.** Tu hermana es un poco tímida: no (pedir; ella) ... lo que necesita. **11.** No (conseguir; yo) ... todavía un puesto de trabajo. **12.** ¿(Servir) ... usted a esta mesa? **13.** ¿Qué aparato (elegir; tú) ...? **14.** No (conseguir; nosotros) ... convencerle. **15.** Vosotros (elegir) ... siempre lo peor. **16.** Si haces eso (impedir; tú) ... que se resuelva el problema. **17.** Algunas personas (servirse) ... de todos los medios para hacer carrera. **18.** Las chicas (despedirse) .... **19.** ¿(Seguir; tú) ... estudiando español? **20.** ¿Por qué me (perseguir) ... usted por todas partes?

3. Grupo "pedir". Traduzca las frases siguientes

1. Sie kleidet sich nach der italienischen Mode. **2.** Er wiederholt den Satz. **3.** Ich lache nicht über Sie, sondern über ihn. **4.** Sie verlangt nicht, was sie braucht. **5.** Zwei Männer verfolgen sie. **6.** Sie wählt immer das Teuerste. **7.** Die Nachbarn verabschieden sich. **8.** Wir verabschieden uns noch nicht. **9.** Er zieht sich noch nicht an. **10.** Bestellst du ein Bier? **11.** Ich bestelle nichts. **12.** Was bestellt ihr? **13.** Wir verlangen nur Gerechtigkeit.

14. Warum folgen Sie dem Mädchen überallhin? **15.** Ich verfolge es nicht: wir haben nur den gleichen Weg. **16.** Wir folgen jenem Wagen und ihr diesem. **17.** Warum verfolgt ihr ihn? **18.** Korrigieren Sie die Fehler! **19.** Sie lächelt immer. **20.** Das Kind lacht nicht – ob es krank ist?

4. Formar la tercera persona singular del indefinido

corregir – vestirse – pedir – seguir – reírse – repetir – despedirse – elegir – sonreír – impedir – perseguir – conseguir – servir.

5. Ejercicios sobre el grupo "sentir" (presente)

1. ¿(Sentir; tú) ... frío? **2.** No (sentir; yo) ... frío sino más bien calor. **3.** Los chicos (preferir) ... quedarse en casa. **4.** (Preferir; nosotros) ... no decirle lo que ha pasado **5.** ¿(Divertirse; vosotros) ... mucho? **6.** Ese chico (mentir) ... descaradamente. **7.** Ve siempre películas de terror y por la noche (sentir) ... un miedo terrible. **8.** Ve que todas las cosas (convertirse) ... en monstruos y fantasmas. **9.** Te (advertir; yo) ... que algo así puede ser peligroso. **10.** Se gasta todo su sueldo y luego (arrepentirse) ... **11.** Esos chicos (divertirse) ... estropeando todas las fiestas. **12.** (Sentir; ellos) ... alegría del mal ajeno. **13.** Así (divertirse) ... por lo general las personas envidiosas. **14.** ¿(Referirse; Vds.) ... a mí? – No, nos (referir) ... a otra persona. **15.** Nuestra empresa (invertir) ... diez millones en un nuevo proyecto.

6. Grupo "sentir". Traduzca las frases siguientes

1. Deine Freundin lügt unverschämt. **2.** Mir ist es nicht kalt, sondern eher warm. **3.** Sie verspürt eine schreckliche Angst. **4.** Ich bevorzuge schlichte Möbel. **5.** Wir bevorzugen einen herben Wein. **6.** Das Kind bereut, das getan zu haben. **7.** Ich bedauere, daß sie nicht kommen kann. **8.** Er lügt nicht, aber er ist frech. **9.** Ich belüge nur diejenigen, die mich belügen. **10.** Ich meine nicht Sie, sondern Ihre Kollegin. **11.** Wir beziehen uns auf Ihren Brief vom 8. Mai. **12.** Ich bereue nichts. **13.** Ich ziehe es vor, ihm alles zu erzählen. **14.** Der Zauberer verwandelt sich zuerst in einen Panther und dann in einen Bären. **15.** Diese Arbeit erfordert mindestens fünf Wochen.

7. Formar el subjuntivo presente

mentir (yo); herir (Vd.); preferir (nosotros); sentir (tú); divertirse (ellos); advertir (vosotros); consentir (él); arrepentirse (ellas); convertirse (Vds.); requerir (eso).

8. Formar el indefinido

sentir (tú); divertirse (Vds.); mentir (ella); herir (Vd.); arrepentirse (yo); advertir (nosotros); consentir (él); convertirse (ellos); requerir (vosotros); preferir (ellas).

9. En el cine

Alberto ha invitado a su novia al cine. El cine puede ser todavía un lugar romántico, pero a veces hay que ser casi un héroe para ir a ver una película. Hay con frecuencia grupos de amigos que gritan o se ríen en los momentos más trágicos o emocionantes.

Alberto hace cola, saca las entradas en la taquilla, y luego entran los dos en la sala. Una acomodadora los acompaña a sus butacas; Alberto le da una propina, y se sientan. Están proyectando ya un documental de actualidad y la publicidad. Por lo general, Alberto prefiere llegar tarde para no verlos, sobre todo porque la publicidad la pasan a todo volumen. Pero calcula bien el tiempo para no perder los dibujos animados.

La película es la versión cinematográfica de una famosa novela. Es un filme en color que ha ganado el Óscar y otros premios importantes. Aunque la película ha tenido mucha publicidad, en la sala hay pocos espectadores. En la pantalla se suceden los episodios: el protagonista es un famoso actor. Pero Alberto y Teresa no prestan atención. Cuando salen del cine, no saben decir de qué ha tratado la película. Al día siguiente, Teresa dice a sus amigas que es "una película maravillosa", y Alberto, que es "de alto valor artístico".

Exponga con sus propias palabras el contenido del texto, añadiendo eventualmente otros detalles.

10. Completar las siguientes frases

1. Te invito al ... **2.** ¿Qué ... podemos ver? **3.** No sé qué película ... hoy. **4.** ¿En qué ... ponen esa película? **5.** Alberto tiene que comprar dos ... **6.** Pero primero tiene que hacer ... **7.** Delante de la ... hay mucha gente que espera. **8.** En la ... hay muy poca gente. **9.** La ... los acompaña a las ... **10.** Alberto le da una ... **11.** Desgraciadamente pasan la publicidad a todo ... **12.** El documental suele ser ... actualidad. **13.** A Alberto le gustan mucho los ... animados. **14.** La película ha tenido mucha ... **15.** La película es la ... cinematográfica de una famosa novela. **16.** ¿Quién es el ... de esta película? **17.** Son dos famosos ... **18.** Alberto y Teresa no ... atención. **19.** ¿Es una película en ... o en ...? **20.** La ... comienza a las seis.

11. Formar pequeños grupos y pedirles que redacten un breve resumen de alguna película.

12. Ejercicios sobre los grupos "conocer", "construir", "dormir" y "jugar" (Presente)

1. ¿(Conocer; tú) ... a su hermana? - No, no la (conocer; yo) ... **2.** ¿Te (ofrecer; ellos) ... un buen trabajo? **3.** Aquí (construir; ellos)... una central nuclear. **4.** Con este trabajo no (enriquecerme) ... **5.** ¿A quién (pertenecer) ... este hotel? **6.** No (pertenecer; yo) ... a ese partido. **7.** Su hijo (dormir)... todo el día. **8.** Cuando hay visitas, los niños no (dormirse) ... nunca. **9.** ¿Cuándo (jugar; tú)...? **10.** (Jugar; nosotros)... el domingo en el nuevo estadio. **11.** No (excluir, yo) ... esa posibilidad. **12.** Les (agradecer; yo) ... muchísimo su atención. **13.** Ellos (favorecer) ... siempre a sus propios parientes. **14.** ¿Dónde (establecerse; ellos) ...? **15.** Esos motivos no (influir) ... en nuestra decisión. **16.** Ese chico (destruir) ... todo lo que toca. **17.** Come mucho de noche, y cuando (dormir; él) ... se le (aparecer) ... fantasmas y animales horribles. **18.** Disculpa que te lo diga, pero haciendo así solamente (huir, tú) ... de tus responsabilidades.

13. Traducir

1. Spielt ihr (überhaupt)? **2.** Er baut gerade ein Haus. **3.** Kennt ihr sie? – Nein, wir kennen sie nicht. **4.** Komisch. Die Straße kenne ich nicht. **5.** Er stirbt vor Lachen. **6.** Ich sterbe vor Hunger. **7.** Er spielt immer um Geld. **8.** Wir erkennen diese Bedingungen nicht an. **9.** Das Geld wird immer weniger. **10.** Er legt sich auf das Sofa und schläft ein bißchen. **11.** Ich danke dir: du hast mir sehr geholfen. **12.** Die Kinder spielen jetzt auf der Straße. **13.** Tante Claudia spricht zwei Stunden lang über Politik, und die Kinder schlafen ein. **14.** Die Gelegenheit, die ich Ihnen biete, ist einmalig.

14. Ejercicios sobre el grupo "enviar" (presente)

1. ¿Cuándo (enviar, tú) ... el paquete? **2.** Mañana lo (enviar, yo) ... **3.** Venid a tomar el desayuno, que la leche (enfriarse) ... **4.** A decir verdad, no (confiar, yo) ... en él. **5.** No (fiarme) ... de su honradez. **6.** Los precios de un mismo producto (variar) ... en las diversas tiendas. **7.** Yo (resfriarme) ... con frecuencia. **8.** El profesor de la especialidad los (guiar) ... por las diversas salas del museo. **9.** ¿No (confiar, tú) ... en mis palabras? **10.** La policía (desviar) ... el tráfico hacia las otras calles. **11.** El obrero (vaciar) ... el tanque. **12.** Próximamente la empresa (ampliar) ... sus instalaciones de producción.

15. Ejercicio sobre el grupo "continuar" (presente)

1. ¿(Continuar, tú) ... tu trabajo? – Sí, lo (continuar, yo) ... **2.** Esa palabra no se (acentuar) ... **3.** ¿(Continuar, vosotros) ... trabajando en esa empresa? **4.** Usted ya sabe que ella (actuar) ... según sus propias ideas. **5.** Sepa que nosotros (actuar) ... correctamente. **6.** ¿Tus padres (continuar) ... ahorrando tanto dinero? **7.** Ellas no (continuar) ... escribiendo en el diario. **8.** ¿No (habituarse, vosotros) ... al clima? **9.** Ella (insinuar) ... que tú tienes la culpa. **10.** No (insinuar, nosotros) ... nada.

16. Formar la primera persona singular del presente de indicativo y del indefinido

proponer – decir – traer – caer – pensar – entender – defender – repetir – sentir – pedir – despedirse – caber – reconocer – disminuir – construir – recomendar – querer – continuar – ver – conocer – traducir – andar – enviar – contar – dormir – ser.

17. Formar la tercera persona plural del presente de subjuntivo

devolver – jugar – costar – dormir – elegir – crecer – morir – consentir – distribuir – huir – referirse a – comprobar – soler – coger – calentar – poner – caber – traducir – sentir – estar – conducir.

18. Ejercicios sobre el indefinido

1. Ich fühlte mich schlecht. **2.** Er bestellte eine Paella und ein Glas Weißwein. **3.** Dann wiederholte er seine Worte. **4.** Ich zog es vor, nicht zu antworten. **5.** Sie bauten eine prächtige Villa. **6.** Sie gab mir eine unfreundliche Antwort. **7.** Wer war es? **8.** Die Schwester gab dem Patienten eine Spritze. **9.** Er gab mir keine Antwort. **10.** Sie komponierten einen modernen Schlager. **11.** Der Unbekannte fing an, gegen die Tür zu schlagen. **12.** Er war sehr freundlich. **13.** Napoleon starb 1821. **14.** Hast du nichts gehört? **15.** Ich konnte mich nicht konzentrieren.

19. Traducir al español

1. Was sah sie? **2.** Ich erfuhr nichts. **3.** Wir konnten nicht kommen. **4.** Er wollte es nicht sagen. **5.** Ich weiß nicht, ob er sie sah. **6.** Was haben Sie gestern gemacht? - Nichts besonderes. **7.** Ich tat es nicht absichtlich. **8.** Ich konnte sie nicht besuchen. **9.** Ich sah es nicht. **10.** Sagtest du die Wahrheit? **11.** Wir sagten nichts. **12.** Konntest du den Chef nicht sehen? **13.** Er wollte mich nicht empfangen. **14.** Kamen Sie gestern? **15.** Machtest du einen Ausflug?

20. Ejercicios sobre el indicativo y el subjuntivo (verbos de grupo y verbos irregulares)

1. Espero que el chico no (perder) ... el dinero. **2.** Es seguro que (volar, ellos) ... el martes próximo. **3.** Es bueno que (dar, ellos) ... una vuelta. **4.** Es desagradable que se (sentir, él) ... siempre tan importante. **5.** Lamento que (irse, él) ... antes de terminar la sesión. **6.** Agradece que (reconocer, nosotros)... sus méritos. **7.** No es seguro que (querer, él) ... hacerlo. **8.** Esperamos que se (reducir) ... las tensiones políticas. **9.** Quiere que le (traducir, yo) ... la carta. **10.** No creo que (nevar) ... mañana. **11.** Ya sé que (soler, ella) ... viajar a ese lugar. **12.** Le encanta que su hijita le (sonreír) ...

21. ¿Indicativo o subjuntivo?

1. Es lamentable que no (sentir, vosotros) ... interés por nada. **2.** Es probable que (sufrir, ella) ... mucho. **3.** No creo que no lo (saber, ellos) ... **4.** Pregunta si el niño ya (dormir) ... **5.** Puede ser que lo (impedir, ellos) ... **6.** Les pregunta si (preferir, ellos) ... vino tinto. **7.** Es poco probable que eso (caber) ... allí. **8.** No le gusta que (referirnos) ... a ese tema. **9.** No puedo creer que no lo (entender, vosotros) ... **10.** Creo que aquí (construir, ellos) ... una fábrica. **11.** No está bien que (dormir, vosotros) ... tanto. **12.** Es peligroso que (conducir, él) ... en ese estado. **13.** Es una lástima que no te lo (devolver, ellos) ...

22. Ejercicios sobre las formas irregulares del indefinido

1. Yo no (hacer) ... el trabajo, lo (hacer) ... él. **2.** Se (construir; él) ... una suntuosa villa en la playa. **3.** La chica (sentirse) ... humillada. **4.** ¿(Despedirse; vosotros) ... también de ella? **5.** ¿Quién (conducir) ..., tú o él? **6.** (Conducir) ... los dos, un poco cada uno. **7.** Al año siguiente (morir) ... su bisabuelo. **8.** (Pedir; ellos) ... una chuleta y una botella de vino tinto. **9.** Su hijo (repetir) ... el año porque (estar) ... enfermo mucho tiempo. **10.** Los trabajos (requerir) ... dos años y medio. **11.** ¿Quién (construir) ... El Escorial? **12.** (Vestirse; ellas) ... rápido y (salir) ... de la casa. **13.** Cuando lo (interrogar; ellos) ..., el chico (mentir) ... **14.** (Andar; ellos) ... por toda España. **15.** (Preferir; ella) ... no decir lo que sabía. **16.** (Ir; nosotros) ... a ver una famosa película, pero los niños (dormirse) ... **17.** (Andar; ella) ... mucho tiempo por el bosque y al final (encontrar) ... una cabaña. **18.** Su cumpleaños (caer) ... el año pasado en domingo. **19.** ¿(Elegir; tú) ... el plato más caro? **20.** ¿(Decir; vosotros) ... la verdad?

23. Cuando quieras ...

Suena el teléfono. Carmen levanta el auricular.

CARMEN – Dígame.
HERNÁN – Hola, Carmen, ¿cómo estás?
CARMEN – ¿Qué sucede? Si me has llamado hace dos horas ...
HERNÁN – Sí, pero es muy importante. He salido antes de la oficina y quería preguntarte si tienes tiempo para salir juntos. Naturalmente, si quieres y tienes ganas.
CARMEN – Pues querer sí quiero. Espera un momento, que miro en la agenda ... No, no tengo nada especial. ¿Adónde podemos ir?
HERNÁN – Adonde tú quieras: al cine, al teatro. Y luego a cenar, desde luego.
CAPMEN – Si te parece bien, podemos ir al cine.
HERNÁN – Es una buena idea.
CARMEN – ¿Y cómo vamos?
HERNÁN – Como quieras. El coche lo tengo en el taller, pero podemos coger un taxi. ¿A qué hora tengo que ir a buscarte?
CARMEN – Cuando quieras. Yo estoy lista.
HERNÁN – Vale. Dentro de un cuarto de hora estoy ahí. Hasta luego (¡Mchuk!)
CARMEN – Te espero. (¡Mchuk!)

24. Completar con las partículas "si" o "cuando"

1. ... viene Paco, vamos al cine **2.** ... venga Paco, iremos al cine. **3.** ... viene Paco, siempre lo pasamos muy bien. **4.** ... está de buen humor, nos hace reír mucho. **5.** No sé ... puedes prestarme tu estéreo. **6.** ... quieres, te lo puedes llevar en seguida. **7.** Te lo puedes llevar ... quieras. **8.** No, hoy no lo necesito; ... lo necesite, me lo llevaré. **9.** ... tengas tiempo, tráeme esas revistas que te presté. **10.** No sé ... tendré tiempo este fin de semana. **11.** No es urgente, sólo ... te sea posible. **12.** No, ... puedo te las traigo mañana mismo. **13.** ... ves a tu hermano, dile que venga a verme. **14.** ... escribo a máquina, me duele la muñeca izquierda. **15.** ... hay visitas, los niños tratan de llamar la atención de los invitados. **16.** ... éstos no les prestan atención suceden catástrofes. **17.** ... tenéis tiempo, llamadme el fin de semana. **18.** ... tengáis tiempo, pasad por casa. **19.** ... queréis, podemos salir juntos a dar una vuelta. **20.** ... llego a casa, lo primero que hago es escuchar el contestador automático.

25. ¿Indicativo o subjuntivo?

1. Cuando (trabajar, yo) ..., me gusta escuchar música. **2.** Cuando (llegar, tú) ... a Madrid, llámanos en seguida por teléfono. **3.** Cuando (llegar) ... Pedro, se marcha María. **4.** Cuando (llegar) ... Pedro, se marchará María.

5. Cuando (llegar) ... Pedro, se marchó María. **6.** Pedro se pondrá a estudiar cuando (marcharse) ... sus amigos. **7.** Lo haremos cuando (poder, nosotros) ... **8.** Cuando (estar, vosotros) ... listos, avisadnos. **9.** Cuando (venir) ... nuestros amigos, siempre nos divertimos mucho. **10.** Cuando (volver) ... Gabriela te llamaré. **11.** Cuando (tener, nosotros) ... un poco de tiempo daremos un paseo. **12.** Cuando (saber, tú) ... cuándo llega María Luz, avísame, por favor.

26. Indicativo y subjuntivo en frases subordinadas con conjunción

1. Te lo digo para que lo (hacer, tú) ... mejor. **2.** Sale de casa sin que sus padres lo (ver) ... **3.** Lo hace sin que nadie lo (saber) ... **4.** Cuando (venir, ellos) ... a vernos, (hablar, nosotros) ... siempre de deportes. **5.** Cuando (llegar, tú) ... a Granada, llámanos en seguida. **6.** Llévate un poco de dinero, para que (poder, tú) ... comprarte algo. **7.** Hace siempre lo que (querer, él) ..., sin que nadie (poder) ... impedirlo. **8.** Puedes invitarlos, con tal que (comportarse, ellos) ... como se debe. **9.** Aunque (esforzarnos) ... mucho, no logramos ahorrar bastante. **10.** Aunque me (pagar, ellos) ... más, no lo voy a hacer.

27. ¿Indicativo o subjuntivo?

1. Cuando (recibir, vosotros) ... la noticia, comunicádsela en seguida a vuestros primos, por favor. **2.** Cuando (recibir, ellos) ... la noticia, nos la comunicaron en seguida. **3.** Nosotros los llamaremos por teléfono cuando (poder, nosotros) ... **4.** Cuando la chica (oír) ... esas cosas, se puso muy nerviosa y se marchó. **5.** Cuando (leer, él) ... la carta, se puso pálido. **6.** Cuando (llegar, yo) ... de Barcelona te llamé, pero no estabas en casa. **7.** Cuando (volver, vosotros) ... de las vacaciones, pasad por casa cuando queráis. **8.** Cuando (llegar, nosotros) ... a casa, mi padre acababa de salir. **9.** Cuando (marcharse) ... su amiga, Paco se puso a preparar el examen. **10.** Cuando vuestros primos (regresar) ... del sur de Francia, os contarán muchas cosas. **11.** Cuando (ir, él) ... a España, siempre visita a sus amigos de Tarragona. **12.** Cuando (volver, yo) ... de mi viaje por Centroamérica, nos reuniremos para proyectar ese trabajo. **13.** Cuando el tren (ponerse) ... en marcha, sus padres se echaron a llorar. **14.** Cuando (irse) ... tus amigos, ponte en seguida a estudiar.

28. Traducir

1. Er hat das Haus gekauft, ohne dich zu fragen. **2.** Er kauft das Haus nicht, ohne daß du es ihm empfiehlst. **3.** Natürlich tue ich es nicht, ohne daß du es mir erlaubst. **4.** Ich werde zur Bank gehen, damit wir Geld haben, um einzukaufen. **5.** Ich sage es dir noch einmal, damit du es endlich glaubst. **6.** Er wird noch vor dem Essen abreisen. **7.** Ich sage es dir, um dir zu beweisen, daß ich recht habe. **8.** Er wird abreisen, bevor ich mit ihm sprechen kann. **9.** Bevor ich es tue, mußt du mir sagen, ob es dir recht ist.

29. Indicativo y subjuntivo en frases subordinadas con conjunción

1. Lo repite para que todos lo (entender) ... **2.** Tienes que llamarlo antes de que (hablar, él) ... con el abogado. **3.** Aunque (tener, ellos) ... mucho dinero, no se deciden nunca a viajar. **4.** Podéis ir, con tal que (regresar, vosotros) ... para la cena. **5.** Lo hacen sin que yo se lo (decir) ... **6.** Lo vamos a invitar, a no ser que (tener, nosotros) ... mucho trabajo. **7.** Prepara todo antes de que (llegar) ... tus amigas. **8.** Limpió la casa después de que (marcharse) ... sus amigos. **9.** Después de que (marcharse) ... tus amigos, tienes que arreglar y ordenar todo. **10.** Bebió hasta que no le (quedar) ... dinero. **11.** Espérenlos hasta que (volver, ellos) ... **12.** Cuando (venir, ellos) ... a vernos, siempre hablamos de política. **13.** Cuando (ir, tú) ... a verlo, salúdalo de nuestra parte. **14.** Aunque (estudiar, yo) ... siempre estos verbos, no logro aprenderlos. **15.** Aunque (ahorrar, nosotros) ... toda la vida, nunca podremos comprarnos un piso.

30. Traducir

1. Sie fangen erst mit dem Essen an, nachdem ich gegangen bin. Immer machen sie das! **2.** Er verläßt das Kino, während der Film noch läuft. **3.** Solange ich Geld habe, werde ich mir alles kaufen. **4.** Sobald du zurückgekommen bist, ruf mich bitte an. **5.** Immer, wenn ich nach Madrid komme, gehe ich in den Prado. **6.** Obwohl ich wenig Zeit habe, möchte ich mir den Film anschauen. **7.** Komm doch vorbei, wenn du in der Nähe bist! **8.** Im Falle, daß Sie nicht kommen können, müssen wir Sie bitten, uns rechtzeitig zu verständigen. **9.** Er wird die Prüfung bestehen, es sei denn, es geschieht etwas Unvorhergesehenes. **10.** Ich helfe dir, vorausgesetzt, daß du meine Hilfe auch wirklich brauchst.

31. Formar la correspondiente voz pasiva, según el ejemplo

Ella ama → *Ella es amada.*

1. Él castiga. **2.** Ellos no ven. **3.** Yo también invito. **4.** Cancelan el vuelo. **5.** Abren la puerta lentamente. **6.** No pagan la cuenta a tiempo. **7.** Él observa. **8.** La siguen. **9.** Él repara la máquina. **10.** Ellas inventan la historia. **11.** Él no ama. **12.** Él teme. **13.** Lo engañan. **14.** Ellos traicionan.

32. Poner en voz pasiva

1. Reparten el dinero entre todos. **2.** Nos amenazan. **3.** ¿Te amenazan? **4.** Lo extorsionan. **5.** Los explotan. **6.** Las discriminan. **7.** Nos desprecian. **8.** No nos informan regularmente. **9.** Nos manipulan. **10.** No escriben a tiempo la carta. **11.** Lo hieren. **12.** Los matan. **13.** Lo ofenden repetidamente. **14.** No pagan la factura en seguida.

33. Poner las frases en voz pasiva

Lo han amenazado ➜ Ha sido amenazado.

1. Han robado las joyas. **2.** No han denunciado el robo. **3.** Han pagado el seguro. **4.** Han olvidado el asunto. **5.** Han detenido al ladrón. **6.** Lo han encarcelado. **7.** Lo han condenado a cuatro años de prisión. **8.** Han asaltado este banco. **9.** Han tomado como rehenes a cuatro personas. **10.** Han matado a uno de los rehenes.

34. Formar el tiempo correspondiente de la voz pasiva

Los invitaron ➜ Fueron invitados.

1. Lo invitan. **2.** La invitaron. **3.** Que la inviten. **4.** Las invitarán. **5.** Lo invitaría. **6.** Nos invitará. **7.** La han invitado. **8.** La habían invitado. **9.** La habrán invitado. **10.** Las habrían invitado.

35. Poner las frases en voz pasiva

1. Lo prefieren siempre a él. **2.** Cristóbal Colón descubrió América. **3.** El ladrón abrió la puerta. **4.** Los ladrones robaron las joyas. **5.** Los castigarán. **6.** No creo que los castiguen. **7.** Nos amenazaron. **8.** Los habían amenazado. **9.** Habían robado el coche. **10.** Lo habrán denunciado. **11.** Lo vencieron definitivamente. **12.** Los desterraron a una isla. **13.** Los Reyes Católicos expulsaron al último rey moro. **14.** Los fenicios fundaron Cádiz. **15.** Descuidaron el trabajo.

36. ¿Cómo se dice en español ...?

1. Man arbeitet viel. **2.** Man verdient wenig. **3.** Man ist nicht zufrieden. **4.** Man hat viele Ausgaben. **5.** Man hat nie Zeit. **6.** Man hat große Schwierigkeiten. **7.** Man steht früh auf. **8.** Man wäscht sich. **9.** Man zieht sich an. **10.** Man frühstückt sehr schnell. **11.** Man geht sehr früh aus dem Haus. **12.** Man findet keinen Parkplatz. **13.** Man kommt zu spät zur Arbeit. **14.** Man ist nervös. **15.** Man ärgert sich den ganzen Tag.

37. Completar con el imperfecto o el indefinido

1. Goethe (nacer) ... en Fráncfort del Meno el 28 de agosto de 1749.**2.** De 1765 a 1768 (estudiar) ... derecho en Leipzig. **3.** En 1770 (trasladarse) ... a Estrasburgo, donde (recibir) ... el influjo de Herder y (entrar) ... en contacto con el movimiento del Sturm und Drang. **4.** De 1771 a 1775 (vivir) ... en Fráncfort. **5.** En 1775 (pasar) ... a Weimar, donde (conocer) ... a personajes importantes y (alternar) ... con ellos. **6.** De 1786 a 1788 (realizar) ... su primer viaje a Italia. **7.** Desde 1794 (colaborar) ... con Schiller, con quien ya lo (vincular) ... una gran amistad. **8.** En 1790 (emprender) ... su segundo viaje a Italia. **9.** De 1791 a 1817 Goethe (ser) ... director del Teatro de la Corte de Weimar. **10.** Durante su vida (publicar) ... numerosas obras. **11.** La primera parte de su obra maestra, el "Faust", (aparecer) ... en 1790, y la segunda, en 1832.**12.** (Fallecer) ... en Weimar el 22 de marzo de 1832.

38. Ejercicios sobre los tiempos del pasado

1. Wir standen um vier Uhr auf. **2.** Wir nahmen ein Bad. **3.** Wir zogen uns schnell an. **4.** Wir frühstückten um fünf Uhr, und dann riefen wir ein Taxi. **5.** Das Taxi kam nach sieben Minuten. **6.** Der Taxifahrer half uns, die Koffer zu tragen. **7.** Wir fuhren zum Flughafen. **8.** Wir waren sehr nervös, aber wir kamen rechtzeitig an. **9.** Wir konnten noch einen Kaffee trinken. **10.** Juan wollte einige Bücher sehen. **11.** Er kaufte sich einen Kriminalroman. **12.** Ich kaufte ein paar Andenken für unsere Verwandten. **13.** Dann gaben wir unsere Koffer auf. **14.** Wir mußten etwas zahlen, weil unsere Koffer zu schwer waren. **15.** Wir warteten noch ein wenig im Wartesaal. **16.** Juan fing an, den Roman zu lesen. **17.** Dann wurde unser Flug aufgerufen. **18.** Wir standen auf und stellten uns an. **19.** Wir zeigten unsere Pässe und die Flugkarten. **20.** Dann stiegen wir ins Flugzeug. **21.** Wir suchten unsere Plätze, aber wir fanden sie schon besetzt: dort saß ein dänisches Ehepaar. **22.** Aber sie standen auf und baten uns um Entschuldigung. **23.** Wir setzten uns. **24.** Etwas später begrüßte der Kapitän die Passagiere und wünschte uns eine angenehme Reise. **25.** Zehn Minuten später startete das Flugzeug. **26.** Die Stewardessen servierten das Essen und boten uns auch Likör an. **27.** Ich las die ganze Zeit. **28.** Mein Mann dagegen konnte den Krimi nicht lesen, weil er sofort einschlief. **29.** Ich bin nicht eifersüchtig, aber sicher träumte er von den Stewardessen. **30.** Wir machten eine Zwischenlandung in Lissabon. **31.** Das Flugzeug landete um 10.15 Uhr.

39. ¿Indicativo o subjuntivo?

1. Me alegro de que (ustedes, haber) ... tenido buen viaje. **2.** Seguramente tus amigos se (haber) ... olvidado de la invitación; (ellos, ser) ... muy despistados. **3.** Es necesario que (usted, estudiar) ... todos los verbos irregulares. Espero que no (tener, yo) ... que repetirlo. **4.** Él dice que (estudiar) ... mucho, pero yo no creo que lo (hacer) ... **5.** Para mí es una tranquilidad que tu hermana (poder) ... acompañarte en el viaje; no se (saber) ... nunca lo que (poder) ... ocurrir. **6.** ¿Crees tú que algo así (poder) ... gustarle a ella? **7.** Es absolutamente imposible que tu cuñado (pagar) ... esa cantidad. **8.** No creo que ellos (tener) ... realmente interés en comprar el piso. **9.** El jefe desea que usted le (informar) ... detalladamente sobre ese seminario. **10.** Su vocabulario (ser) ... todavía muy reducido. Es conveniente que (aprender, usted) ... muchas más palabras.

40. Ejercicios sobre el potencial compuesto

1. Wir hätten ihm geholfen. **2.** Ich hätte das nie getan! **3.** Wir hätten die Wohnung nicht verkauft! **4.** Sie hätte nichts von ihnen erzählt. **5.** Damals hätte ich es getan. **6.** Hättet ihr ihnen verziehen? **7.** Hättest du ihm alles zurückgegeben? **8.** Hätten Sie das Kind bestraft? **9.** Nein, ich hätte es nie getan. **10.** Ich hätte es anders gemacht.

41. Ponga las frases en indicativo o subjuntivo

1. Puede ser que (nosotras, viajar) ... a Portugal, pero todavía no (estar, nosotras) ... seguras. **2.** No te aconsejo que (ir, tú) ... a esa piscina; (estar) ... bastante sucia. **3.** A Marisa no la veo desde hace un mes; sospecho que (estar, ella) ... enferma. **4.** Dudo mucho que todas estas cosas (caber) ... en el maletero. **5.** Es raro que nadie (responder) ...; (deber, ellos) ... de haber salido. **6.** ¡Qué raro! Nadie (responder) ... **7.** Ya os he dicho que no (salir, vosotros) ... con este tiempo. **8.** Su amigo le dice que el español es fácil. Ella no cree que lo (ser) ... tanto. **9.** Es realmente increíble que (haber) ... personas así. **10.** Ya sabes cómo (ser) ... el chico.

42. ¿Cómo se dice en español ...?

1. Deine Mutter und ich hätten nichts erzählt. **2.** Hättest du der Chefin so etwas vorgeschlagen? **3.** Mein Schwager hätte mir diese Summe schon bezahlt. **4.** Eure Enkelin hätte das alles ganz anders gemacht. **5.** Ich hätte deinen Freunden dieses Hotel nie empfohlen! **6.** Wir wären nicht mit solchen Typen gegangen! **7.** Ich wäre nicht so spät ausgegangen! **8.** Ich hätte es sehr bedauert. **9.** Wir hätten die Ferien in Acapulco verbracht. **10.** Du hättest es besser machen sollen. **11.** Ihr hättet es uns sagen können. **12.** Ehrlich gesagt, ich hätte mir einen besseren Computer gekauft. **13.** Hättest du deiner Freundin alles erzählt, was zwischen dir und ihm passierte? **14.** Solche Sachen hätte ich nie vergessen!

EJERCICIOS B

1. Leer

Alfonso X – Felipe IV – Luis XIV – el siglo V – el siglo XIII – el 22 de agosto – el 1 de abril – el 3 de mayo – 999 – 1.327 – 9.733 – 1.250.413 – 500.000 – 588.725 pesetas – 521 marcos – 1.800 dólares – el 8 % – un 10,5 % – 150 – 100 – 101 – 1/2 – 1/3 – 1/4 – 1/7 – 1/10

2. Ejercicios sobre el futuro y el potencial

1. Sie werden sich nicht erinnern. **2.** Sie wird sich in Biologie spezialisieren. **3.** Wir werden es auf jeden Fall machen. **4.** Würden Sie es essen? – Nein, ich würde es wegwerfen. **5.** Würdest du dieses scheußliche Kleid tragen? – Auf gar keinen Fall! **6.** Ich würde nie eine solche Dummheit machen. **7.** Sie werden nach Berlin umziehen. **8.** Werden Sie zum Fest kommen? – Ich weiß noch nicht, ob ich kommen werde. **9.** Sie wird es nicht machen wollen. **10.** Würdest du dieses Dokument unterschreiben? **11.** Ich wäre dagegen. **12.** Ich würde dagegen stimmen. **13.** Das würden wir nie hinnehmen. **14.** Wer hätte das gedacht! **15.** Das wird nicht hineinpassen. **16.** Man sollte nach dem Arzt schicken, bevor es zu spät ist.

3. Construir con pronombres

Escucho música ➜ A mí me gusta la música.

1. Comen pescado. **2.** Estudiáis idiomas. **3.** Bailan todo el día. **4.** Tocamos la guitarra. **5.** Los alemanes beben cerveza; los españoles beben vino. **6.** Tú no lees revistas ilustradas. **7.** La portera no limpia la escalera. **8.** Estudia por la noche.

4. ¿Ser o estar?

1. (Yo) le ... muy agradecido, porque Vd. ... muy amable. **2.** Estos niños ... muy simpáticos, pero hoy ... casi inaguantables; ... un día muy malo, porque ... de exámenes; ya ... terminando el semestre. **3.** Este libro ... un regalo de mi tío Paco; ... muy interesante, pero ahora (yo) ... muy ocupado con mis estudios y no ... capaz de leer otros libros que los que me ... necesarios para ... en forma en los exámenes.

5. Colocar el adjetivo delante del substantivo

(<u>Santo</u>) Domingo, – Francisco, – Isabel, – Tomás, – Santiago, – Juan; (<u>uno</u>) libro; (<u>cualquiera</u>) día; (<u>ninguno</u>) trabajo; (<u>tercero</u>) piso; (<u>ciento</u>) kilos; (<u>ma-</u>

lo) tiempo; (grande) hombre/persona; (buena) casa; (bueno) humor; (primero) año; (postrero) día; (alguno) cliente; (alguna) vez.

6. Formular con pronombres

1. ¡Da las fotos a tus amigos! **2.** ¡No entregues las maletas al portero! **3.** ¿Me traes los periódicos? **4.** ¡Cuenta todo al juez! **5.** ¡Devuelve las llaves a la portera! **6.** ¿Me quieres prestar el libro?

7. Explicar las expresiones subrayadas

1. Se marchó en un abrir y cerrar de ojos. **2.** Se despidió a la francesa. **3.** No hay quien le entienda: habla a lo loco. **4.** Lo hace todo a la buena de Dios. **5.** Cree a pies juntillas lo que le cuentan. **6.** Sabe de memoria muchas poesías. **7.** Hace todo a lo que salga, y todo le sale mal. **8.** Hizo la traducción en un santiamén. **9.** Desde que perdió la colocación, vive al día. **10.** De la noche a la mañana, se trasladó a Madrid.

8. Formar el imperativo afirmativo y negativo

1. Os preparáis para salir. **2.** ¿Me da la lista de platos? **3.** Le traes los libros. **4.** Les ayudas a hacer la traducción. **5.** Lo anota (usted) en la agenda. **6.** Os apresuráis a salir. **7.** Te esfuerzas en hacerlo. **8.** Les compras los periódicos. **9.** Lo bebes todo. **10.** Nos subís las maletas.

9. Poner el verbo en la forma adecuada

1. Carlos V (nacer) ... en Gante y (morir) ... en Yuste. **2.** Cuando mis amigos (llegar)... a Madrid, yo (salir) ... horas antes para Sevilla. **3.** Si el médico te ordena que no (fumar) ..., es aconsejable que (dejar) ... el tabaco. **4.** Me ha rogado que (ayudarle) ..., pero yo no (poder).... **5.** Nos alegramos de que vosotros (venir) ... a vernos. **6.** ¿A qué hora quieres que (visitarte; nosotros) ...? **7.** ¿Quieres que (traerte; yo)... algo de España? **8.** Es posible que mañana no (haber) ... clase, porque (ser) ... los exámenes escritos.

10. Preposiciones

1. El Dr. Ruiz es especialista ... cirugía estética y profesor ... universidad. **2.** Me han recetado un jarabe ... la tos. **3.** A mi amigo lo han operado ... apendicitis. **4.** Sufre mucho ... el estómago. **5.** Está enfermo ... el corazón. **6.** Tienes que ir ... el médico, ... ver si te prescribe una dieta ... adelgazamiento. **7.** Me voy, porque tengo dolor ... cabeza. **8.** ¿Qué tal estás ... salud? – Gracias, estoy ... forma. **9.** ... el resfriado, lo mejor es guardar cama y sudar. **10.** Paco tiene una salud ... hierro; no es necesario que brindemos ... su salud.

11. Traducir

1. Das spricht gegen dich. **2.** Wen rufst du? - Dich. **3.** Wir Spanier. **4.** Man ruft dich, nicht mich. **5.** Wer ist es? – Ich bin es. **6.** Du bist reich, ich bin es nicht. **7.** Ich sehe ihn kommen. **8.** Man muß mir gehorchen. **9.** Ihr nähert euch mir und sie der Lehrerin. **10.** Jeden zweiten Tag. **11.** Unser Haus und das unseres Großvaters. **12.** Der Mann da. **13.** Ist dein Vater zu Hause? – Ja, er ist da. **14.** Haben Sie Kugelschreiber? – Nein, keine. **15.** Ein Freund von mir hat vorgestern angerufen und nach dir gefragt.

12. Sustituir por el pronombre respectivo las palabras subrayadas

1. Entregad <u>los libros a las muchachas</u>. **2.** Hemos olvidado dar <u>la noticia al alcalde</u>. **3.** Di <u>a tus amigos que se den prisa</u>. **4.** Limpiad <u>nuestras sillas</u>. **5.** El cartero entrega <u>un paquete a la vecina</u>. **6.** Quieren que compres <u>un regalo para todos</u>.

13. Conjugar las formas en indefinido

1. piden limosna **2.** ¿sientes frío? **3.** construye un chalet **4.** tengo tiempo **5.** están de viaje **6.** pone la mesa **7.** dicen mentiras **8.** conducís mal **9.** no cabe en la maleta **10.** no puedo ir **11.** se divierten en la ciudad **12.** ¿traducís el folleto?

14. Completar las frases siguientes *(pretérito como base)*

1. Cuando la muchacha (oír) ... esto, (ponerse) ... nerviosa. **2.** Este año (hacer) ... generalmente mal tiempo. **3.** Desde que (llegar) ... Paco, la situación (empeorar) ... **4.** En su juventud, Gregorio Marañón (mostrarse) ... partidario de teorías que (poder) ... calificarse de progresistas; más tarde, (cambiar, él) ... de opinión en algunos aspectos; cuando (morir) ..., (ser) ... más bien conservador. **5.** Con mucho gusto (yo, ayudarte) ... en la situación en que (tú, encontrarte) ...

15. Traducir

1. Die Hose ist ihm zu eng. **2.** Ich bin jetzt vier Monate in Bolivien. **3.** Es ist kalt. **4.** Das ist kein Leben! **5.** Es ist nicht(s) zu machen. **6.** Das Fest wird im Januar stattfinden. **7.** Es ist niemand da. **8.** Das kann doch nicht sein! **9.** Ich bin ihm böse. **10.** Er ist zu allem fähig. **11.** Heute ist schulfrei.

12. Wie geht's? Was gibt's? **13.** Lacht nicht über ihn! **14.** Er wurde zum Präsidenten gewählt.

16. Completar con "si" o "cuando"

1. ... está enfermo, es intratable. **2.** ... le pides que te ayude, lo hará. **3.** ... no tienen coche, vendrán en tren. **4.** ... vayas a Italia me escribes una postal. **5.** ... vas a Madrid, me compras un disco. **6.** ... puedes, vienes a la fiesta. **7.** ... termines la traducción, avísame. **8.** ¿Me invitas ... te llega el dinero? **9.** ¿Me llamas ... regreses de Londres? **10.** ... saben contestar a todo, les felicito.

17. Poner en presente, pretérito y futuro

1. Los niños (jugar) ... al fútbol. **2.** El niño (ponerse) ... nervioso. **3.** Yo (defender) ... tus intereses. **4.** Tú (llegar) ... tarde. **5.** El empleado (pedir) ... permiso. **6.** Me (divertir) ... en la fiesta. **7.** (Estar) ... todos presentes. **8.** La chica (leer) ... bien. **9.** Los alumnos (escribir) ... mucho. **10.** Aquí (celebrarse) ... una fiesta.

18. Ejercicio sobre el imperfecto y el indefinido

1. Ayer (estar) ... yo con una amiga en el metro cuando (subir) ... una viejecita que (tener) ... un abrigo de pieles carísimo. **2.** Del brazo (llevar, ella) ... un bolso de cocodrilo. **3.** (Llevar, ella) ... también joyas muy caras y finas. **4.** (Sentarse, ella) ... al lado de la ventanilla y se (poder) ... ver que (estar) ... muy nerviosa. **5.** Se (sacar) ... y (volver) ... a meter varias veces un anillo que (llevar) ... en la mano izquierda. **6.** Todos la (mirar) ... de reojo y se (preguntar) ... qué (tener, ella) ... **7.** Lo que (pasar) ... era que se había olvidado de sacar el billete. **8.** Y además no (llevar, ella) ... consigo ni siquiera dinero para pagar la multa, si (subir) ... los revisores. **9.** Pero la mala suerte es así, y precisamente en ese momento (subir) ... al vagón dos revisores. **10.** Ella (ponerse) ... pálida y (mirar) ... a los demás pasajeros con expresión desesperada. **11.** Pero todos (estar) ... ocupados buscando sus billetes o sus abonos mensuales. **12.** Los revisores (empezar) ... a pedir sus billetes a los pasajeros. **13.** Todos se los (enseñar) ... **14.** Cuando uno de los revisores (llegar) ... a la señora, ésta (ponerse) ... a buscar con toda calma un billete que no (existir) ... **15.** (Abrir, ella) ... el bolso y (buscar) ... por todos los rincones. **16.** No (haber) ... nada allí. **17.** Entonces (sacar) ... el monedero y lo (abrir) ... lentamente. **18.** Pero allí tampoco (encontrar, ella) ... ningún billete. **19.** Del monedero, sin embargo, (sacar) ... un paquetito que (estar) ... envuelto en papel de seda. **20.** (Ponerse, ella) ... a desenvolverlo lentamente. **21.** Pero cuando ya (estar) ... para abrirlo, (dirigirse, ella)

... al revisor y le (decir) ... que en esa estación (tener) ... que bajar de todas formas. **22.** El revisor no (poder) ... detenerla. **23.** Ella (salir) ... rápidamente del vagón y (perderse) ... entre los innumerables pasajeros.

19. Completar con preposiciones

1. ¿No te acuerdas ... mí? Yo no me he olvidado ... ti. **2.** Ya es hora ... ponerse ... trabajar. **3.** ¿Cuándo empiezas ... estudiar? Procura hacerlo antes ... que sea demasiado tarde. **4.** No es capaz ... decidirse; es una persona indecisa ... cualquier situación. **5.** Estoy orgulloso ... mi acción, y no me arrepiento ... nada. **6.** El vecino se preparaba ... salir, cuando llegó el cartero. **7.** Cuando termines ... estudiar, me avisas ... salir ... dar una vuelta; tengo ganas ... salir ... paseo. **8.** Todo lo hace ... la buena ... Dios. **9.** Tenemos obligación ... ayudar ... los padres ... caso ... necesidad. **10.** No te olvides ... llamarme ... llegar ... Madrid.

20. Continuar la frase

Es imposible que vuelva tan pronto.

a. es difícil que – no es posible que – resultará fácil que – es de esperar que – es muy raro que – es curioso que – es admirable que – es interesante que
b. le exijo que – le permito que – me impide que – quiere que yo – le ruego a Vd. que – te ordeno que no – cuida que – nos recomienda que – no consiente que – les pide que
c. sentimos mucho que – se alegra de que – lamento que – me disgusta que – celebramos que – me extraña que – le sorprende que – me gusta que
d. esto es para que – lo digo a fin de que – sí, a condición de que – iré, siempre que – no, a no ser que
e. si vas a Madrid ... – cuando (ir) a Madrid ... – si vienes a verme, ... – cuando (venir) ...

21. Traducir

1. Es ist sehr schön, daß du immer die Wahrheit sagst. **2.** Es ist herrlich, daß sie nach Amerika reisen kann. **3.** Das Wetter wird hoffentlich gut sein. **4.** Er ist vermutlich verreist. **5.** Wenn mein Vater nach Hause kommt, wird alles anders sein. **6.** Sobald er da ist, gebe ich dir Bescheid. **7.** Ich mache es unter der Bedingung, daß du es niemandem sagst. **8.** Jedesmal, wenn wir ausgehen, regnet es. **9.** Er hat nie Geld, obwohl er viel arbeitet. **10.** Es gibt Leute, die sagen, es stimme.

22. El nombre de España

El nombre con el que ha sido conocida España ha ido cambiando a lo largo de la Historia. En la antigüedad, los escritores le daban el nombre de Hesperia, el cual significaba todo el Occidente del mundo conocido. Se ha de notar que España no era entonces conocida por entero, y el nombre, como otros, sólo designaba partes muy limitadas de la Península. Hacia comienzos de nuestra era, aparece con más frecuencia el nombre de Iberia, utilizado por los griegos, con el que se designaba primeramente la parte oriental, y que posteriormente se fue dando a la Península entera. Por su parte, los romanos dieron a estas tierras el nombre de Hispania, del que se derivaría el actual de España. Parece ser que la denominación romana procedía de un nombre fenicio anterior („I-Sheppam-im") que significaba "costa o isla de los conejos". Realmente, los autores griegos y latinos consideraban al conejo como algo muy particular y característico de Iberia.

23. Poner las siguientes frases en forma pasiva

1. Pablo Picasso pintó el "Guernica". **2.** Hernán Cortés conquistó México. **3.** José de San Martín y Simón Bolívar independizaron gran parte de América. **4.** El Inca Garcilaso de la Vega escribió "Los Comentarios Reales". **5.** Se escribió el Lazarillo de Tormes hacia 1554. **6.** Carlos III embelleció Madrid. **7.** Destruyeron totalmente la ciudad. **8.** Cargaron el camión en la terminal. **9.** El director llamó al alumno. **10.** Los Reyes Católicos expulsaron a los árabes de Granada. **11.** Los romanos ocuparon la Península Ibérica. **12.** Camilo José Cela escribió "La Colmena".

24. Traducir

1. Bleiben Sie noch einige Minuten! **2.** Freuen Sie sich nicht! **3.** Stehen wir auf! **4.** Gehen Sie jetzt nicht fort! **5.** Gewöhnt euch daran, deutlich zu sprechen! **6.** Lesen Sie bitte langsam! **7.** Fahren Sie weiter nach rechts! **8.** Schreiben Sie nicht diese Sätze!

25. Traducir

1. Als ich in München ankam, war es schon Nacht. **2.** Ich wußte nicht, daß du einen Bruder hast. **3.** Kaum hatte ich meine Arbeit beendet, da mußte ich eine neue Arbeit beginnen. **4.** Cäsar war nicht nur ein großer Feldherr, sondern auch ein großer Staatsmann. **5.** Kolumbus entdeckte Amerika im Jahr 1492. **6.** Waren Sie schon in Madrid? – Nein, ich war noch nicht in Madrid, aber ich verbrachte zwei Wochen in Peñíscola. **7.** Es regnete, als du nach Hause kamst. **8.** Dieses Jahr gab es eine gute Ernte.

9. Heute morgen bin ich um 6.30 Uhr aufgestanden. **10.** Während die einen weinten, lachten die anderen.

26. Traducir

1. Wir wurden von deinem Vater gegrüßt. **2.** Es wurde ihm von allen, die ihn kannten, gratuliert. **3.** Die meisten Häuser dieses Dorfes sind zerstört worden. **4.** Der Minister wurde mehrmals unterbrochen. **5.** Die Arbeit wird termingemäß durchgeführt werden. **6.** An diesem Platz sind viele Geschäfte eröffnet worden. **7.** Mein Freund ist von seinem Partner betrogen worden. **8.** Er wurde vom Gewitter überrascht. **9.** Das Auto wurde verkauft. **10.** Der Präsident wird morgen erwartet.

27. Explicar por qué se emplea el subjuntivo en las frases

1. "Adonde fueres, haz lo que vieres" (refrán). **2.** ¡Vaya usted con Dios! – XY, que en paz descanse **3.** ¡Disculpe! **4.** "Antes que te cases, mira lo que haces" (refrán). **5.** Haz lo que te diga el jefe, y no vengas con quejas. **6.** ¡Que aproveche! **7.** ¡Que te mejores!

28. Traducir

1. Diese Kette ist aus Gold. **2.** Das ist nicht wahrscheinlich. **3.** Das Eisen ist glühend. **4.** Hier gibt es Trauben. **5.** Der Schnee ist schmutzig. **6.** Dieses Jahr hat es viel Obst gegeben. **7.** Er ist auf der Jagd. **8.** Der Brief wird nicht geschrieben. **9.** Ich bin im Begriff abzureisen. **10.** Das Haus ist schon verkauft. **11.** Er fungiert als Dolmetscher. **12.** Der Brief muß noch geschrieben werden. **13.** Es wird Ärger geben. **14.** Morgen wird die Ausstellung eröffnet. **15.** Das ist noch zu tun. **16.** Ist hier ein Geschäft?

29. Madrid

Madrid es capital de España desde el 7 de mayo de 1561 por decisión de Felipe II. Aunque en el ánimo del monarca influyeran para la elección causas tan prosaicas como el excelente clima, la calidad de las aguas o la abundancia de caza, es indudable que prevaleció la razón política; porque Madrid se halla, por así decir, en exacta posición céntrica de la geografía del país.

Entonces era Madrid tan sólo una insignificante villa, un pueblo manchego de escasa significación. La situación cambia súbitamente cuando se convierte en sede de la corte real. Los nobles levantan mansiones o palacios, que vienen a constituir un imán para masas inmensas de gentes que vienen a hacer fortuna, así como para la artesanía, que instala aquí talleres de joyería y demás industrias propias de una metrópoli nacional. Empero, Madrid no se urbaniza hasta bien entrado el siglo XVIII. Actualmente, Madrid es una de las capitales más interesantes de Europa.

30. Expresar en pretérito imperfecto/indefinido

1. Andan por el parque; vuelven pronto. **2.** Dicen tonterías; nadie les cree. **3.** Hacen tonterías; no se corrigen. **4.** Ponen poco interés; no es posible ayudarles. **5.** Traducís bien; tenéis éxito. **6.** Influye en todas partes; logra todo. **7.** Tiene poco tiempo; no puede venir. **8.** Prefiere quedar en casa; no le esperamos. **9.** Van al teatro; cenan tarde. **10.** Piensa mucho en el asunto; al fin halla una solución.

31. Poner el verbo y la preposición en la forma requerida

1. El enfermo (negarse) ... guardar cama. **2.** No (poder; nosotros) ... venir ayer porque (hacer) ... mal tiempo. **3.** El médico (recomendarle) ... una temporada ... descanso. **4.** ¿(Jugar; vosotros) ... fútbol ... nosotros? **5.** Nadie (entender) ... qué hablas. **6.** El portero (pedir) ... aumento ... salario. **7.** Mi amigo (soñar) ... una hacienda ... la Amazonia. **8.** El precio (ascender) ... 1.500 dólares. **9.** ¿Por qué no (dormir) ... los niños? **10.** El año pasado, Manolo (hacer) ... el examen de ingreso, pero no (aprobar) ...

32. Traducir

1. Bitte, besorge mir eine Eintrittskarte! **2.** Ich bitte dich um Verzeihung. **3.** Ich hoffe, daß es Ihnen gut geht. **4.** Ich möchte Spanisch lernen. **5.** Wir glauben nicht, daß er kommt. **6.** Es ist schade, daß Sie nicht länger bei uns bleiben. **7.** Das beste für dich wird sein, daß du genauer lernst. **8.** Ich schlage vor, daß wir hier übernachten. **9.** Es ist unglaublich, daß er so redet. **10.** Ich sage es Ihnen, damit Sie in Zukunft besser aufpassen.

33. Completar con la preposición adecuada

1. Le pregunté ... su salud y se rió ... mí. **2.** Llame ... los candidatos ... orden ... llegada. **3.** Lo he visto ... mis propios ojos. **4.** Dejaremos los ejercicios ... la próxima semana. **5.** Resolvió el problema ... la noche ... la mañana. **6.** Se casó ... una muchacha ... buena familia. **7.** Estoy cansado ... esperar; espero ya ... las diez. **8.** No dejes ... llamar ... que alguien responda. **9.** Se niega ... hacer el trabajo, pero lo hará. **10.** Los ingleses son muy aficionados ... las carreras ... caballos.

14. KAPITEL

1. Konjunktiv Imperfekt und Konjunktiv Plusquamperfekt (Pretérito imperfecto y pluscuamperfecto de subjuntivo)

a. Konjunktiv Imperfekt (pretérito imperfecto de subjuntivo)

Das **imperfecto de subjuntivo** wird **abgeleitet von der 3. Person Plural** des **Pretérito Indefinido**. Die Endung **-ron** wird durch die Endungen des Konjunktiv Imperfekt ersetzt. Der **Konjunktiv Imperfekt** bildet **zwei gleichbedeutende Formen**, die unterschiedslos verwendet werden können: **-ra** und **-se**.

tomar	toma**ron**	toma**ra**	toma**se**
comer	comie**ron**	comie**ra**	comie**se**
vivir	vivie**ron**	vivie**ra**	vivie**se**
decir	dije**ron**	dije**ra**	dije**se**
sentir	sintie**ron**	sintie**ra**	sintie**se**

Gebräuchlicher – vor allem in der **Umgangssprache** – ist die **-ra** Form.

Formen der **1. Konjugation** (Beispiel: **tomar**)

tom**ara** tom**aras** tom**ara** tom**áramos** tom**arais** tom**aran**	tom**ase** tom**ases** tom**ase** tom**ásemos** tom**aseis** tom**asen**

Formen der **2. und 3. Konjugation** (Beispiele: **comer**, **vivir**)

com**iera** com**ieras** com**iera** com**iéramos** com**ierais** com**ieran**	com**iese** com**ieses** com**iese** com**iésemos** com**ieseis** com**iesen**	viv**iera** viv**ieras** viv**iera** viv**iéramos** viv**ierais** viv**ieran**	viv**iese** viv**ieses** viv**iese** viv**iésemos** viv**ieseis** viv**iesen**

Andere Beispiele

hacer		**decir**	
3. Pl. Indefinido: hicie-ron		3. Pl. Indefinido: dije-ron	
hicie**ra**	hicie**se**	dije**ra**	dije**se**
hicie**ras**	hicie**ses**	dije**ras**	dije**ses**
hicie**ra**	hicie**se**	dije**ra**	dije**se**
hicié**ramos**	hicié**semos**	dijé**ramos**	dijé**semos**
hicie**rais**	hicie**seis**	dije**rais**	dije**seis**
hicie**ran**	hicie**sen**	dije**ran**	dije**sen**

ser		**traer**	
3. Pl. Indefinido: fue-ron		3. Pl. Indefinido: traje-ron	
fue**ra**	fue**se**	traje**ra**	traje**se**
fue**ras**	fue**ses**	traje**ras**	traje**ses**
fue**ra**	fue**se**	traje**ra**	traje**se**
fué**ramos**	fué**semos**	trajé**ramos**	trajé**semos**
fue**rais**	fue**seis**	traje**rais**	traje**seis**
fue**ran**	fue**sen**	traje**ran**	traje**sen**

Diese Ableitungsregel gilt für **alle Verben**!

b. Konjunktiv Plusquamperfekt

Das **pretérito pluscuamperfecto de subjuntivo** wird gebildet aus den Formen des **pretérito imperfecto de subjuntivo** von **haber** und dem **Partizip Perfekt**:

hubiera/hubiese venido	hubiéramos/hubiésemos venido
hubieras/hubieses venido	hubierais/hubieseis venido
hubiera/hubiese venido	hubieran/hubiesen venido

c. Verwendung des Konjunktiv Imperfekt bzw. Plusquamperfekt

1. Nach **si** und **como si** als **Wunsch**, **Bedingung** oder **Vergleich**, die als „**nicht erfüllbar**" bzw. „**nicht wirklich**" angesehen werden: z.B.

¡**Si** fuera/fuese rica/rico!	Wenn ich doch reich wäre!
¡**Si** no tuviera/tuviese tanto trabajo!	Wenn ich nur nicht so viel Arbeit hätte!
Hace **como si** supiera algo.	Er tut so, als ob er etwas wüßte.

ebenso im **pluscuamperfecto**:

¡**Si** no hubiera/hubiese tenido tanto trabajo! — Wenn ich nur nicht so viel Arbeit gehabt hätte!

Hace **como si** hubiera/hubiese entendido algo. — Er tut so, als ob er etwas verstanden hätte.

Como si wird ausschließlich mit **Konjunktiv Imperfekt** bzw. **Konjunktiv Plusquamperfekt** konstruiert.

2. Bei bestimmten **“oraciones/frases condicionales”** (z.B. die sog. „irrealen Bedingungssätze“, s. S. 130).

3. Zur Einhaltung der Zeitenfolge:

a. Steht im **Hauptsatz** eine **Gegenwartszeit** (Präsens, Perfekt, Futur), so steht im **Nebensatz presente** oder **pretérito perfecto de subjuntivo** (vgl. S. 41 u. S. 65).

HAUPTSATZ **Gegenwartszeit** (Präsens, Perfekt, Futur)		NEBENSATZ **presente o perfecto de subjuntivo**
temo	que	lo haga/lo haya hecho
he temido	que	lo haga/lo haya hecho
temeré	que	lo haga/lo haya hecho

b. Steht im **Hauptsatz** jedoch eine **Vergangenheitszeit** (Imperfekt, Indefinido, Plusquamperfekt) oder **Konditional**, so muß im **Nebensatz pretérito imperfecto** oder **pluscuamperfecto de subjuntivo** stehen:

HAUPTSATZ **Vergangenheitszeit** (Indefinido, Imperfecto, Plusquamperfekt) oder **Konditional**		NEBENSATZ **pretérito imperfecto o pluscuamperfecto de subjuntivo**
temí	que	lo hiciera/lo hubiera hecho
temía	que	lo hiciera/lo hubiera hecho
había temido	que	lo hiciera/lo hubiera hecho
me gustaría	que	lo hiciera/lo hubiera hecho
no me gustaría	que	lo hiciera/lo hubiera hecho

Weitere Beispiele:

Le diré que venga.
Le dije que viniera/viniese.

Le diría que viniera/viniese.
Será imposible que lo sepa.
Era imposible que lo supiera/supiese.
Sería imposible que lo supiera/supiese.

4. **Pluscuamperfecto de subjuntivo** kann **Potencial compuesto** ersetzen: Yo lo habría hecho. = Yo lo hubiera hecho. Nosotros no se lo hubiéramos dicho = Nosotros no se lo habríamos dicho.

d. Bedingungssätze (frases condicionales)

1. mit Indikativ

Der **„reale Bedingungssatz"**, also eine **erfüllbar scheinende Bedingung**, wird mit **si** und **Indikativ** gebildet; z.B.

Si tengo tiempo, voy/iré a la fiesta.	Wenn ich Zeit habe, gehe ich auf die Party/werde ich auf die Party gehen.
Si viene Paco, vamos/iremos al cine.	Wenn Paco kommt, gehen wir ins Kino/werden wir ins Kino gehen.
Si me pagan, te invito al cine.	Wenn sie mir zahlen, lade ich dich ins Kino ein.

Bei **diesen** Sätzen darf das **Futur nicht** nach der Konjunktion **si** stehen: "si vendrá" (im Konditionalsatz) ist falsch; dagegen ist diese Konstruktion bei indirekten Fragesätzen möglich: no sé si vendrá.

2. mit Konjunktiv Imperfekt bzw. Plusquamperfekt

Der sog. **„irreale Bedingungssatz"**, d.h., wenn die **Bedingung unerfüllbar** scheint, wird gebildet:

Hauptsatz	**Konditional** (potencial simple o compuesto, S. 15)
Nebensatz	**Konjunktiv Imperfekt bzw. Plusquamperfekt**

Si tuviera/tuviese tiempo, iría a la fiesta.	Wenn ich Zeit hätte, würde ich auf die Party gehen.
Si me hubieran/hubiesen invitado, iría a la fiesta.	Wenn sie mich eingeladen hätten, würde ich auf die Party gehen.
Si hubiera/hubiese tenido tiempo, **habría/hubiera** ido a la fiesta.	Wenn ich Zeit gehabt hätte, wäre ich auf die Party gegangen.

Auch hier wird für **habría** sehr oft **hubiera** verwendet.

2. Infinitivkonstruktionen (2)

(vgl. Teil I, S. 57)

comenzar empezar	**a** + Infinitiv	anfangen, beginnen zu	comenzar a trabajar	anfangen zu arbeiten
ponerse	**a** + Infinitiv	anfangen zu	ponerse a leer	beginnen zu lesen
echar(se)	**a** + Infinitiv	beginnen zu	echarse a llorar	anfangen zu weinen
acabar	**de** + Infinitiv	etwas gerade getan haben; etwas beenden	acaba de llegar ha acabado de comer	er ist gerade angekommen er/sie hat fertiggegessen
terminar	**de** + Infinitiv	etwas beenden	terminar de trabajar	beenden zu arbeiten
poder	+ Infinitiv	etwas tun können	poder cantar	singen können
querer	+ Infinitiv	etwas tun wollen	querer bailar	tanzen wollen
deber	+ Infinitiv	etwas tun sollen	debe marcharse	er/sie muß gehen
deber de	+ Infinitiv	sollen	debe de estar allí	er soll dort sein
ir	**a** + Infinitiv	etwas tun werden	va a llamar tu tío	dein Onkel wird anrufen
tener que	+ Infinitiv	etwas tun müssen	tengo que estudiar	ich muß lernen
haber que	+ Infinitiv	etwas tun müssen	hay que pagar	man muß zahlen
haber de	+ Infinitiv	etwas tun müssen	has de ser honrado	du mußt ehrlich sein

Infinitiv als Verkürzung von Nebensätzen

para + Infinitiv
Absicht oder Zweck
He comprado esto **para** reparar la lavadora. Ich habe das gekauft, um die Waschmaschine zu reparieren. (... für die Reparatur der Waschmaschine)

por + Infinitiv
verkürzt Kausalsätze
Eso te pasa **por** ser tan despistado. Dies passiert dir, weil du so zerstreut bist.

sin + Infinitiv
ohne etwas zu tun
Lo hizo **sin** decirme nada. Er tat es, ohne mir etwas zu sagen.

al + Infinitiv
Verkürzung eines temporalen Nebensatzes
Al salir, apagad la luz, por favor. Wenn ihr weggeht, macht bitte das Licht aus.
Bei **verschiedenem Subjekt** muß dies deutlich gemacht werden (nach dem Infinitiv): Al marcharse el jefe, se pusieron a jugar a las cartas. Als der Chef weggegangen war, begannen sie, Karten zu spielen.

antes de + Infinitiv
bevor man etwas getan hat
Antes de salir, llámala. Ruf sie an, bevor du weggehst.

después de + Infinitiv
Nachdem man etwas getan hat
Después de comer, fuma un puro. Nach dem Essen raucht er eine Zigarre.

de + Infinitiv
verkürzt einen Bedingungssatz
De haber dificultades, avisadnos. (= Si hay dificultades, en caso de que haya dificultades ...). Wenn es Schwierigkeiten gibt, benachrichtigt uns.
De no llegar ellos a tiempo, podéis empezar a comer. Wenn sie nicht rechtzeitig kommen, könnt ihr anfangen zu essen. (Diese Konstruktion wird allerdings eher in der Schriftsprache verwendet).

con + Infinitiv *verkürzt einen Modalsatz* **Con** enviarle un telegrama, cumples. (= Basta que le envíes un telegrama.) Es genügt, wenn du ihm ein Telegramm schickst. **Con** irritarle, no resuelves nada. (No resuelves nada irritándole). Wenn du ihn reizt, bringt das keine Lösung/erreichst du nichts.

3. "Gerundio" (2) (s.Teil I, S. 134)

a. Bildung

Wie schon in Teil I erwähnt, ist das **Gerundio** eine **unveränderliche Form** des spanischen Verbs, das bei **-ar** Verben die Endung **-ando** (tomando) und bei **-er** und **-ir** Verben die Endung **-iendo** (comiendo/subiendo) bildet.

Das Gerundio ist zum **größten Teil** regelmäßig, **wichtige Ausnahmen** sind jedoch:

caer	**cayendo**	oír	**oyendo**
decir	**diciendo**	poder	**pudiendo**
ir	**yendo**	traer	**trayendo**
leer	**leyendo**	venir	**viniendo**

Bei den Gruppen **pedir** (vgl. S. 98), **sentir** (vgl. S. 99), **dormir** (vgl. S. 100), **construir** (vgl. S. 100) wird das **Gerundio** von der **3. Person Singular des Indefinido** abgeleitet.

pedir	pidió	**pidiendo**
sentir	sintió	**sintiendo**
dormir	durmió	**durmiendo**
construir	construyó	**construyendo**

b. Das "Gerundio compuesto"

wird gebildet mit dem **Gerundio** von **haber** und dem **Partizip Perfekt (unveränderlich)**:

Habiendo terminado el trabajo, se fue de vacaciones.	Nachdem er die Arbeit beendet hatte, fuhr er in die Ferien.

c. Gerundkonstruktionen nach verschiedenen Verben

Neben **estar + Gerund = „gerade etwas tun**“ sind folgende Gerundkonstruktionen recht häufig:

1. **seguir** bzw. **continuar + Gerund** (fortfahren, etwas zu tun); z.B.

Sigue estudiando. Continúa estudiando.	Er studiert weiter.
Siga leyendo.	Lesen Sie weiter!

estando (Gerundio von **estar**) bzw. **siendo** (Gerundio von **ser**) kann wegfallen; z.B. ¿Sigues en Múnich? (Anstatt: Sigues estando en...) Bist du noch in München?

2. **Ir** bzw. **venir** + Gerund

ir + Gerund gibt den Ablauf einer Handlung **nach und nach, schrittweise** wieder und kann in bezug auf **Vergangenheit**, **Gegenwart** und **Zukunft** verwendet werden	Estas antiguas costumbres **van desapareciendo** con las nuevas formas de vida. Diese alten Bräuche verschwinden nach und nach mit den neuen Lebensformen.

venir + Gerund gibt dagegen den Ablauf, die Entwicklung einer Handlung **von der Vergangenheit in die Gegenwart** wieder.	Ya desde hace algún tiempo **se viene observando** un descuido general de las reglas gramaticales. Schon seit einiger Zeit kann man allgemein eine Nachlässigkeit bei der Anwendung grammatikalischer Regeln beobachten.

d. Gerundkonstruktionen als Nebensatzverkürzung

1. Haben **Haupt-** und **Nebensatz** das **gleiche Subjekt** und ist eine **enge Verbindung** und **Gleichzeitigkeit beider Handlungen** gegeben, so kann **eine Gerundkonstruktion den Nebensatz vertreten**. Im Deutschen kann dafür stehen: „und“, „wobei“, „indem“, „wenn“, u.a.

– No ha estudiado – **dice** el profesor **mirando** al alumno con cara seria.	„Sie haben nicht gelernt“, sagt der Lehrer **und** schaut den Schüler streng an/**wobei** er den Schüler ...
Teniendo tanto dinero como él, no tendría yo esos problemas.	**Wenn** ich soviel Geld hätte wie er, hätte ich diese Probleme nicht.

2. Gelegentlich ist auch bei **verschiedenem Subjekt** in **Haupt-** und **Nebensatz** die **Gerundkonstruktion möglich**. Allerdings muß das **Subjekt des Nebensatzes** dem Gerund **nachgestellt werden**:

No estando el jefe en la oficina, los empleados juegan a las cartas.	**Wenn/Da** der Chef nicht im Büro ist, spielen die Angestellten Karten.

e. Stellung der Pronomen beim Gerund

1. Bei den Gerundkonstruktionen **estar/seguir/continuar/ir/venir** + Gerund u.a. können die **Pronomen** sowohl an das **Gerund angehängt** als auch **vor dem konjugierten Verb** stehen. Bei **estar + Gerund** ist die **Voranstellung gebräuchlicher**. Zur **Beibehaltung der richtigen Betonung** ist bei Anhängung **gegebenenfalls Akzent** zu setzen. (Vgl. Teil I, S. 134). Te lo está diciendo. Está diciéndotelo (Betonung auf der vierletzten Silbe: palabra sobresdrújula). Me sigue llamando. Sigue llamándome. Se va acercando. Va acercándose.

2. Bei **Gerundkonstruktionen** als **Nebensatzverkürzung** werden die **Pronomen immer** an das Gerund **angehängt**; z.B.

– No ha estudiado – dice el profesor al alumno, **mirándole** con cara seria.	„Sie haben nicht gelernt", sagt der Lehrer zum Schüler und schaut ihn dabei streng an.
Entró, **saludándonos** a todos.	Er trat ein und begrüßte uns alle.

Gerundio kann **nie als Adjektiv** verwendet werden. z.B. "Te envío un paquete ~~conteniendo~~ libros" ist **falsch**; **richtig** ist: Te envío un paquete **que contiene** libros.

Auch die – sogar häufig in spanischen Zeitungen verwendete – Kombination von **ser** und **estar** in der Form "estar siendo" ist nicht korrekt; z.B. "El coche está ~~siendo~~ reparado en el taller" ist **falsch**; **richtig** ist: **Están reparando** el coche en el taller.

EJERCICIOS A

1. Conjugar en el imperfecto de subjuntivo

hablar – correr – escribir – marcharse – comprar – vender.

2. Formar la primera persona singular del imperfecto de subjuntivo

comenzar – entender – subir – bajar – temer – aumentar – discutir – observar – contemplar – interrumpir – calentar – devolver – encender – despertarse – comprender – dirigirse.

3. Formar la primera persona plural del imperfecto de subjuntivo

tener – estar – ir – traer – poder – decir – sentir – dormir – pedir – disminuir – querer – hacer – ser – ver – venir – poner – saber – traducir – construir – conducir – haber – caber – oír.

4. Expresar en imperfecto de subjuntivo

tomas ➔ *tomaras – tomases*

1. regresan **2.** viven **3.** escriben **4.** subís **5.** discuto **6.** interrumpimos **7.** tengo **8.** digo **9.** soy **10.** somos **11.** dicen **12.** traen **13.** duermen **14.** repito **15.** traduce.

5. No tengo dinero ➔ ¡Si tuviera dinero!

1. No tienen interés. **2.** No tenemos jardín. **3.** No los eligen. **4.** ¿No votáis por él? **5.** No lo dice a sus padres. **6.** Mi hijo estudia poco. **7.** Duermen demasiado. **8.** No poseemos una casa de vacaciones. **9.** No encuentro un puesto de trabajo. **10.** No están listos. **11.** No traen gasolina. **12.** No ponen las cosas en su lugar. **13.** No ceden.

6. No lo conseguimos ➔ Eso es lo que quisiéramos conseguir.

1. No lo compramos. **2.** No lo tiene. **3.** ¿No lo recuperáis? **4.** No lo evitamos. **5.** No lo impiden. **6.** ¿No lo averiguáis? **7.** No lo sé. **8.** No lo pedimos. **9.** No lo oímos. **10.** No me lo compro.

7. No me invita. ➔ ¡Si me invitara!

1. No lo nombran director. **2.** No las traen. **3.** No sabe la noticia. **4.** No lo nota. **5.** No me paga. **6.** Sus amigas no me saludan. **7.** No me lo dicen. **8.** La comisión no resuelve el problema. **9.** No observas la realidad. **10.** No me dan lo que me deben. **11.** No se dirige a mí. **12.** No obtenemos nada. **13.** No pone ese dinero en el banco. **14.** No tengo ninguna ocasión favorable. **15.** No se ocupan del asunto. **16.** No es posible. **17.** Eso no nos es posible. **18.** No cede nunca. **19.** No tiene paciencia. **20.** No comienzan nunca a tiempo.

8. Necesita más dinero. → ¡Si no necesitara más dinero!

1. Está nublado. **2.** Los precios están por las nubes. **3.** Nos obliga a hacerlo. **4.** Nos ocultan siempre lo que ocurre. **5.** Me cuenta siempre historias. **6.** Nos engañan como quieren. **7.** Crees todo lo que te dicen. **8.** Traes demasiado dinero. **9.** Se despierta siempre a las nueve. **10.** Me veo obligado a decirlo. **11.** Dice siempre mentiras. **12.** Miente siempre. **13.** Hace mal tiempo. **14.** Disimula siempre. **15.** Mi marido está siempre muy ocupado. **16.** Se divierte demasiado. **17.** Quiere divertirse siempre. **18.** Es muy difícil decírselo. **19.** Ese chico destruye todo lo que toca. **20.** ¡Conduces a lo loco!

9. El Imperio incaico

El Imperio incaico se fundó en el Cuzco (Perú) en el siglo XI. En el momento de su máxima expansión comprendía gran parte del Perú, Ecuador y Bolivia, el norte de Chile, el noroeste argentino y el sur de Colombia. Los incas enseñaron a muchas de las poblaciones sometidas la artesanía y aun a cultivar la tierra. Sin embargo, antes de los incas se habían desarrollado ya numerosas culturas, a veces con un notable grado de conocimientos.

El Imperio estaba organizado en forma minuciosa y eficiente. La célula social era el "ayllu" o núcleo de familias unidas por la sangre, la religión o los intereses comunes. Cada ayllu recibía tierras según el número de componentes. Además, tenían que cultivar las tierras del Inca, del Sol (o de los sacerdotes) y de los guerreros y viudas. La propiedad de la tierra era colectiva.

En algunas regiones se conservan todavía partes de la red de canales y caminos ejecutados bajo el gobierno de los incas. Los súbditos del emperador tenían asegurada la subsistencia, pero nadie podía enriquecerse.

En tiempos de Huayna Cápac se dejó sentir la creciente influencia del norte, con Quito. La pugna entre Huáscar y Atahualpa fue funesta para el Imperio. Debilitadas las fuerzas incaicas por las luchas internas, fueron incapaces de oponerse al avance del conquistador extranjero.

10. Preguntas sobre el texto

1. ¿Dónde se desarrolló el Imperio incaico? **2.** ¿Qué enseñaron los incas a los otros pueblos? **3.** ¿Fue la única cultura indígena en Sudamérica? **4.** ¿Cuál era el núcleo de la organización social en el Imperio incaico? **5.** ¿Existía la propiedad privada de la tierra? **6.** ¿Los componentes de los ayllus debían cultivar sólo las propias tierras? **7.** ¿Se conserva algo del tiempo de los incas? **8.** ¿Era posible en el Imperio incaico hacerse rico? ¿Por qué? **9.** Al llegar los españoles, el Imperio se encontraba políticamente debilitado. ¿Por qué motivo? **10.** ¿Quién conquistó el Imperio incaico? **11.** ¿Quién fue el último inca? **12.** ¿Cómo organizaron los españoles los territorios conquistados?

11. Traducir las siguientes frases

1. Er tut, als ob er der Klügste wäre. **2.** Ich würde so was nie tun! **3.** Wir hätten ihr geholfen. **4.** Sie benehmen sich, als ob sie allein wären. **5.** Wäre er doch etwas fleißiger! **6.** Ich hätte ihm nichts erzählt. **7.** Wäre ich doch geblieben! **8.** Du tust, als ob du nie davon gehört hättest. **9.** Er tritt auf, als ob er ein berühmter Filmstar wäre. **10.** Er wäre auf jeden Fall weggegangen. **11.** Küß mich so, als wäre es das letzte Mal ... **12.** Wenn ich doch mit ihr reisen könnte! **13.** Er tut so, als ob ihn das alles nicht interessieren würde. **14.** Hättest du ihm das alles zurückgegeben? **15.** Er hätte sowieso nichts bemerkt.

12. Traducir

1. Wenn nur mein Vater käme! **2.** Wäre nur mein Vater zu Hause! **3.** Wenn er uns nur helfen würde! **4.** Wenn wir nur Geld hätten! **5.** Sein Schwager tut so, als ob er reich wäre. **6.** Seine Cousine tut so, als ob sie viel Geld hätte. **7.** Wenn ich doch am PC arbeiten könnte! **8.** Wenn er euch nur kennen würde! **9.** Er spricht, als ob er alles wüßte. **10.** Er geht, als ob ihn jemand verfolgte. **11.** Wenn deine Eltern dich sähen! **12.** Wenn er doch nicht nur an sich selbst dächte! **13.** Wenn sie nicht nach Portugal fahren würde! **14.** Er tut, als ob er gar nichts wüßte. **15.** Er gibt soviel aus, als ob er Millionär wäre. **16.** Wenn wir dieses Jahr doch nach Spanien fahren könnten!

13. Mejor en tren

Carmen y Hernán quieren hacer un viaje y cambian impresiones.

HERNÁN – Sería mejor que fuéramos en avión. Tus hermanos han llamado esta mañana y han recomendado que no vayamos en tren, porque el viaje es demasiado largo y hay que hacer trasbordo. Y si el tren lleva retraso, perdemos el enlace.

CARMEN – No sé, a mí no me atrae el avión. No es que tenga miedo, lo que pasa es que se llega en seguida. En cambio, si vamos en tren, podemos disfrutar del paisaje y conocer algo. Además, una amiga me recomendó que leyera esta novela, y quisiera leerla con calma.

HERNÁN – Bueno, ya veo que te gusta el tren. Pero entonces tendríamos que tomar literas o coche-cama.

CARMEN – Preferiría que tomáramos coche-cama.

14. ¿La visita? ➔ Sería mejor que no la visitara.

1. ¿Vendes el coche? **2.** ¿Se lo regaláis? **3.** ¿Pueden venir? **4.** ¿Lo pruebo? **5.** ¿Lo hacemos? **6.** ¿Se lo vendemos por ese precio? **7.** ¿Lo ponemos aquí? **8.** ¿Las traigo?

15. Se alegra de que tengamos suerte ➔ Se alegró de que tuviéramos suerte.

1. Pide que le digamos la verdad. **2.** Pone en duda que seamos sinceros. **3.** Nos ruega que le prestemos dinero. **4.** Insiste en que hagas bien el trabajo. **5.** Niegan que el coche sea robado. **6.** Nos prohíbe que salgamos tan tarde. **7.** Le impide que se meta en esos negocios. **8.** Me molesta que sea tan intolerante. **9.** No me permiten que repita el examen. **10.** Me parece imposible que lo sepa.

16. No me cuenta su viaje ➔ Me gustaría que me contara su viaje.

1. No nos lee la carta. Nos gustaría que ... **2.** No nos dice la verdad. Nos gustaría que ... **3.** No lo haces bien. Me gustaría que ... **4.** No lo escuchan. Nos gustaría que ... **5.** No la eligen a ella. Me gustaría que ... **6.** No me pone buenas notas. Me gustaría que ... **7.** No me devuelven lo que me deben. Me gustaría que ... **8.** No pensáis nunca en vuestro futuro. Nos gustaría que ...

17. Ponga el tiempo correspondiente

1. No quiere que lo (decir, tú) ... **2.** Me pidió que no se lo (contar, yo) ... a nadie. **3.** No permitía que su hijo (fumar) ... **4.** Me ha prohibido que (salir, yo) ... **5.** No le gustaba que (hablar, nosotros) ... de esa manera. **6.** No creo que te (pedir, ellos) ... algo así. **7.** No sería extraño que luego te (pedir, él) ... algo comprometedor. **8.** Luego te pedirá que le (prestar, tú) ... dinero. **9.** Nos aconsejó que no (dejar, nosotros) ... el coche en ese lugar. **10.** Le recomendaría que lo (hacer, usted) ... en seguida. **11.** Me ha recomendado que no (traer, yo) ... tanto dinero. **12.** Dijo que lo (traer, tú) ... inmediatamente. **13.** No nos gustaba que siempre (oponerse, él) ... a nuestras propuestas. **14.** Temía que no lo (haber, él) ... hecho. **15.** Le aconsejaré que no (vender, ellos) ... esas acciones.

18. ¿Estaba enferma? ➔ No, no creo que estuviera enferma.

1. ¿Tenía excesivo trabajo? **2.** ¿Estaba deprimido? **3.** ¿Era médico? **4.** ¿Le impedían trabajar? **5.** ¿Escribía piezas de teatro? **6.** ¿Hacían falta tantas herramientas? **7.** ¿Habían reñido? **8.** ¿Los controlaban demasiado? **9.** ¿Podían concentrarse? **10.** ¿Lo había escondido?

19. Concordancia de los tiempos en el subjuntivo

1. Dice que (traer, tú) ... el vídeo. **2.** Me pidió que le (prestar, yo) ... mi estéreo. **3.** Sería bueno que le (decir, tú) ... todo lo que ha sucedido. **4.** No creo que eso (ser) ... posible. **5.** No creía que algo así (ser) ... posible. **6.** Además querían que yo (pagar) ... la factura. **7.** El médico me ha ordenado que (dejar, yo) ... de fumar. **8.** No quería que los demás lo (saber) ... **9.** El jefe ha dicho que le (enviar, usted) ... el informe cuanto antes. **10.** Mis hermanos querían que yo (vender) ... la casa. **11.** Su cuñado no quiso que nadie le (ver) ... **12.** No creíamos que se (haber, él) ... enterado tan pronto del asunto. **13.** Seguramente querrá que (renunciar, tú) ... a ese puesto. **14.** No era probable que ya lo (saber, ellos) ... **15.** Nos ha pedido que la (ayudar, nosotros) ... **16.** Al principio quería comprarlo, pero no me pareció que eso (valer) ... tanto.

20. Ponga los tiempos adecuados

1. Era posible que su sobrino ya lo (saber) ... **2.** Convendría que se lo (agradecer, vosotros) ... por carta. **3.** Me ha suplicado que no (contar, yo) ... lo ocurrido. **4.** Sería bueno que (visitar, tú) ... a tu abuela, que (estar) ... enferma. **5.** Es posible que todo eso (ser) ... simplemente una ocurrencia suya. **6.** No era posible que esas ideas se le (ocurrir) ... a él. **7.** Sería imposible que (ocurrir) ... algo así. **8.** Sería una verdadera lástima que el chico no (terminar) ... sus estudios. **9.** El policía pidió a todos los presentes que (salir) ... del cuarto. **10.** Preferiría que no se lo (contar, tú) ... **11.** Sus padres no les permitieron que (salir, ellos) ... de casa a esa hora. **12.** Disculpa, pero no te lo puedo contar: me han pedido que (guardar, yo) ... el secreto. **13.** No quisiera que los niños luego (sentir) ... frío. **14.** Al principio no te dirá nada, pero luego te exigirá que (hacer, tú) ... cosas cada vez más peligrosas.

21. Si mi marido fuera diverso ...

La señora Fernández conversa con una amiga.

– Si mi marido fuera diverso, podríamos hacer tantas cosas. Si no se pasara tanto tiempo delante del televisor, podríamos salir a bailar, o por lo menos a comer. Podríamos ir al teatro o al cine. Conoceríamos a muchas personas interesantes. Recibiríamos y haríamos invitaciones. Si no fuera por él, yo podría divertirme un poco y no estaría aquí todo el día encerrada cocinando, lavando y planchando.

Al mismo tiempo, el señor Fernández le confía a un amigo:

– Si mi mujer fuera diversa, nuestra vida sería más fácil. Si se ocupara más de la casa y de los niños, tendríamos más tiempo libre. Si no me pidiera siempre salir e ir por aquí y por allá, yo podría jugar un poco con los niños y ayudarlos en sus estudios. Claro que si yo tuviera otro trabajo, podría estar más tiempo en casa. Todo sería diverso. Pero qué le vamos a hacer ... Así es la vida.

22. Forme oraciones condicionales según el modelo

Si tuviera dinero, lo haría.

1. tener tiempo (nosotros) – terminar el trabajo pronto
2. ser (él) mi amigo – invitarlo (yo)
3. estar (ellos) aquí – ir (nosotros) al cine
4. querer (tú) – poder (tú) hacerlo
5. traerme (él) los libros – poder (yo) estudiar
6. serme posible – decirlo (yo)
7. hacer calor – ir (nosotros) a la piscina
8. poder (tú) – no trabajar (tú) nunca
9. casarse (él/ella) conmigo – ser (nosotros) felices
10. casarse (tú) conmigo – dispararme (yo) un tiro.

23. Forme oraciones condicionales según el modelo

Si hubiera tenido tiempo, habría/hubiera ido a España.

1. decirlo (él) a tiempo – resolver (nosotros) el problema
2. tener (nosotros) oportunidad – hacerlo (nosotros)
3. decírselo (tú) – darte (él) el dinero
4. viajar (vosotros) juntos – pelearse (vosotros)
5. preocuparse (él) – ya obtener (él) el permiso
6. conducir (tú) más despacio – correr (tú) menos peligro
7. sentirse mejor (ella) – venir (ella)
8. elegirlo (ellos) a él – organizar (él) todo mejor
9. consultar (tú) a un abogado – no perder (tú) tanto dinero
10. confirmar (Vd.) el vuelo – encontrar (Vd.) un lugar.

24. Poner la forma adecuada

1. Si me (pagar; ellos) ..., te invito al teatro. **2.** Si me (pagar; ellos) ..., podría invitarte al teatro. **3.** Si me (ser) ... posible, te regalaría un abrigo de pieles. **4.** Si no (ir; él) ... con esos amigos, (poder; él) ... trabajar más. **5.** Si (haber; tú) ... estudiado más, (haber; tú) ... aprobado el examen. **6.** Si (venir; ellos) ... el sábado, (poder; nosotros) ... divertirnos. **7.** Si yo (estar) ... en su lugar, (organizar; yo) ... todo eso de otra manera. **8.** Si lo (ver; tú) ..., salúdalo. **9.** Si (vivir; nosotros) ... en el campo, los niños (tener) ... más espacio. **10.** Si lo (hacer; tú) ..., todo (haber) ... terminado entre nosotros.

25. Traducir las siguientes frases

1. Wenn sie es gesagt hat, ist es wahr. **2.** Wenn er könnte, täte er es. **3.** Wenn er kann, tut er es. **4.** Wenn wir sie eingeladen hätten, wäre sie gekommen. **5.** Wenn wir nicht in der Stadt wohnten, hätten wir bessere Luft. **6.** Wenn er es tut, weiß er warum. **7.** Wenn ich an Ihrer Stelle wäre, würde ich es ihm vorschlagen. **8.** Wenn ich Geld hätte, würde ich diese Bücher/CDs/Autos kaufen. **9.** Wenn er mich gesehen hätte, hätte er mich umgebracht. **10.** Wenn du es mir gesagt hättest, hätte ich dir geholfen.

26. Ejercicios sobre las oraciones condicionales

1. Si se lo dijerais, (poder; él) ... tomar una decisión adecuada. **2.** Si (sentir; él) ... algo por ella, se lo (haber; él) ... dicho. **3.** Si (haber; vosotros) ... leído el libro, (saber; vosotros) ... de qué trata. **4.** Si (saber; ellos) ... lo que yo sé, no (hablar; ellos) ... con tanta ligereza. **5.** Si (constituirse) ... tal asociación, yo sería el primero en tomar parte. **6.** No le (haber) ... sucedido eso si (ser; él) ... más cuidadoso. **7.** Si todos (respetar) ... las normas de la circulación, (producirse) ... menos accidentes. **8.** Si (estar; tú) ... tan nervioso, es mejor que no conduzcas. **9.** Si (esforzarse; tú) ... más, lo conseguirías. **10.** Si (esforzarse; tú) ... un poco más, lo conseguirás.

27. Ejercicios sobre las partículas "si" y "como si"

1. No sé si verdaderamente lo (desear; él) ... **2.** Si (poder; yo) ... , te lo traigo mañana. **3.** ¡Si (ser; yo) ... rico! **4.** Gasta como si (ser; él) ... millonario. **5.** No han dicho si después (ir; ellos) ... al restaurante. **6.** Si (poder; ellos) ... comprarlo o no, eso no me es posible decirlo. **7.** Si (tener; yo) ... tiempo, voy a la fiesta. **8.** Habla como si (saber; él) ... todo. **9.** ¡Si no (tener; yo) ... tanto trabajo! **10.** Si me (quedar) ... algo de dinero, me voy a comprar alguna blusa. **11.** ¡Si lo (haber; nosotros) ... sabido a tiempo! **12.** ¡Si (poder; vosotros) ... viajar allí! **13.** Se expresa siempre como si nosotros (haber) ... cometido una injusticia con él. **14.** Si (decir; él) ... algo así de mí, yo no se lo perdonaría nunca. **15.** Hacen como si no (haber; ellos) ... entendido nada.

28. Formar frases de infinitivo (sin, para, antes de, después de)

1. Discuten, pero no se ponen de acuerdo. **2.** Llaman a su abogado. Le consultan un problema. **3.** Entra en la oficina, pero no saluda a nadie. **4.** Podéis salir, pero primero tenéis que terminar el trabajo. **5.** Salen de casa, pero no apagan la luz de la sala. **6.** Primero tienes que llamar a tu amiga; luego puedes salir. **7.** Se marcha de casa. No ayuda a su hermanito. **8.** Sale de casa. Quiere comprar cigarrillos y cerillas. **9.** Piensa bien en lo que le vas a decir. Después le puedes mandar la carta. **10.** Primero cenamos. Después escuchamos un poco de música.

29. Traducir con infinitivos

1. Nachdem sie gegessen haben, rauchen sie. **2.** Bevor sie essen, sprechen sie über ihre Geschäfte. **3.** Er geht hinauf, ohne zu fragen. **4.** Er kauft das Haus, ohne sie zu fragen. **5.** Nachdem ihr fertig seid, könnt ihr ein wenig spielen. **6.** Bevor du ihn anrufst, mußt du deinen Anwalt fragen. **7.** Er spricht sehr lange mit ihr, ohne ihr etwas zu sagen. **8.** Nachdem er es gekauft hat, findet er etwas Besseres.

30. Forme el gerundio simple y compuesto

volver – venir – divertirse – escribir – caer – reírse – hacer – oír – dormir – devolver – traer – morir – decir – ver – conseguir – ir – pedir – atreverse – creer.

31. Sustituir con la construcción "estar" + gerundio

1. Me hacen un traje a toda prisa. **2.** ¿Qué hacéis? **3.** Estudiamos para mañana. **4.** Escribo un tema sobre la realidad española. **5.** Busco bibliografía. **6.** Comienza a nevar. **7.** ¿Calentáis la sopa? **8.** Piensan vender el ordenador. **9.** Nos recomiendan este nuevo aparato. **10.** Sigo un curso de alemán. **11.** La señorita se refiere a lo que pasó ayer. **12.** Es un cantante que tiene mucho éxito. **13.** Aquí construyen una central hidroeléctrica. **14.** Leemos el informe del director. **15.** Oían varias canciones modernas. **16.** Comíamos en casa de su cuñada. **17.** Últimamente tengo muchas dificultades. **18.** Eligen los muebles para la nueva casa. **19.** Siento unos dolores aquí en la pierna. **20.** Los niños duermen todavía. **21.** Me pide mil perdones por lo que sucedió el otro día. **22.** Os dicen algo que no es verdad.

32. Sustituir las frases subordinadas por gerundio

Siendo hijo del profesor, es más fácil aprobar.

1. Como sabía todo, pudo librarse de las intrigas de su rival. **2.** Fue al recibimiento, a pesar de que estaba enfermo. **3.** Si uno tiene poco capital, es difícil iniciar un negocio. **4.** Si duermes todo el día, no puedes preparar bien ese examen. **5.** Si lo sabe ella, es suficiente. **6.** Si lo pagáis a tiempo, no habrá problema alguno. **7.** Si haces eso, sólo lo disgustarás. **8.** Se dormía siempre mientras oía la radio. **9.** Si los castigas tan severamente, sólo conseguirás lo contrario. **10.** Como es amigo del jefe, no tiene que trabajar mucho.

33. Los aztecas

Los aztecas fueron un pueblo del grupo náhuatl que llegó a formar el Estado más importante en el México prehispánico. También se los llamaba mexicas. La lengua de los aztecas, el náhuatl, es – junto con el maya y el quechua – una de las pocas lenguas literarias indígenas.

En 1323, Tenoch y otros jefes fundaron la ciudad de Tenochtitlán. Los dioses principales de los aztecas eran Huitzilopochtli, dios del sol y de la guerra, y Tláloc, dios de la lluvia, la agricultura y la fertilidad. La principal divinidad azteca heredada de los toltecas era Quetzalcóatl.

La costumbre de sacrificar prisioneros produjo terror entre los demás pueblos y motivó constantes guerras. Tales ritos se basaban también en la cosmología azteca, según la cual al final de cada ciclo de 52 años había que nutrir a los dioses con sangre humana.

Los sacrificios humanos mantuvieron a los aztecas en un permanente estado de guerra con sus vecinos, y les fueron fatales. En sólo dos años el imperio estaba destruido (1521), pues los otros pueblos indígenas se aliaron con Hernán Cortés para librarse del despotismo mexica.

De los aztecas se ha conservado muy poco en comparación con otros pueblos. El auge de la cultura azteca bajo Moctezuma I y sus sucesores (siglo XV) fue asombroso. Se han conservado poemas épicos, himnos a los dioses, obras históricas, proverbios. La música tenía gran importancia y era muy variada.

34. Preguntas sobre el texto

1. ¿Qué lengua hablaban los aztecas? **2.** ¿Fueron políticamente más poderosos los mayas o los aztecas? **3.** ¿Hay muchas lenguas indígenas literarias? **4.** ¿Se han conservado muchas obras literarias de los pueblos precolombinos? **5.** ¿Se sabe quién fundó la ciudad de Tenochtitlán? **6.** ¿Cuáles eran los dioses principales de los aztecas? **7.** ¿Cómo se llama la adoración o veneración de muchos dioses? **8.** ¿Y cuáles son las religiones monoteístas? **9.** ¿Qué otra divinidad importante tenían los aztecas? **10.** ¿Fueron los aztecas bien vistos por los otros pueblos indígenas de la región? ¿Por qué? **11.** ¿En qué fundamentos religiosos se basaban los sacrificios humanos? **12.** ¿En qué época se sitúa el auge de la cultura azteca?

35. Ejercicios sobre el gerundio simple

1. Últimamente estoy (leer) ... un drama de José Zorrilla. **2.** La niña está (pedir) ... un helado. **3.** Se pasa todo el día (dormir) ... **4.** Llamó a la puerta un representante mientras ella estaba (levantarse) ... **5.** Queríamos dar una vuelta, pero estaba (llover) ... **6.** Ayer, (ir) ... a la oficina, tuvo un grave accidente. **7.** Estoy (seguir) ... un curso de baile. **8.** (Sentir) ... que le faltaban las fuerzas, la anciana buscó un asiento. **9.** (Querer) ... impresionar a la chica, Manolo se puso a beber como un condenado a muerte. **10.** Usted está (impedir) ... que la policía realice su trabajo. **11.** Se despidieron (darse) ... un beso. **12.** Los recién casados están (elegir) ... los muebles para la casa. **13.** En ese lugar están (construir, ellos) ... una central hidroeléctrica. **14.** Se defiende siempre (decir) ... mentiras y (acusar) ... a los demás. **15.** La señora está (despedirse) ... **16.** No (poder) ... responder con análogas vulgaridades, prefirió guardar silencio. **17.** Ten cuidado, que estás (caer) ... en los mismos errores de antes. **18.** (Mentir) ... consigue todo lo que quiere. **19.** Oye, Manolo, estás (pervertir) ... a esa chica. **20.** No estoy (referirse) ... a sus intenciones, sino a sus actos.

36. Una las frases mediante el gerundio

1. El director entra en su despacho. Saluda a las secretarias. **2.** Se marcha. Le desea buena suerte. **3.** Le escribiré. La felicitaré por su cumpleaños. **4.** Me contó su vida. Se quejó de su mala suerte. **5.** Me ha llamado por teléfono. Me ha pedido que le preste dinero. **6.** Trabajó en mi oficina. Desordenó todo. **7.** Se marcharon. Se llevaron mis llaves. **8.** Llegó de prisa. Me dijo que le había sucedido algo muy raro. **9.** Escríbele. Dile que ese día nosotros salimos de viaje. **10.** Resolverás el problema si le devuelves todos esos documentos. **11.** Ayúdame. Sujeta esta pieza. **12.** Me daréis un gusto si os quedáis un rato más. **13.** No arreglarás nada con marcharte. **14.** Aprenderás todo esto si lo repites. **15.** Han cometido un error al elegirlo presidente. **16.** Si puedes hacerlo, no comprendo por qué no vas a visitarlos. **17.** Se marchó. Dijo que había olvidado un asunto muy urgente.

37. Ejercicios sobre "seguir + gerundio"

Lee → Sigue leyendo.

1. Lea, por favor. **2.** Le pone malas notas. **3.** Los huéspedes todavía duermen. **4.** ¿Oís ese ruido? **5.** ¿Frecuentas esos ambientes? **6.** Tiene muchas dificultades. **7.** Hacen lo que quieren. **8.** Dice que le he robado. **9.** Los banqueros insisten en su propuesta. **10.** ¿Os molesta?

38. Traducir con la construcción "seguir + gerundio"

1. Wir studieren weiter Spanisch. **2.** Arbeitet ihr noch in jener Schule? **3.** Wohnst du noch in Saragossa? **4.** Eine meiner Töchter besucht noch die Universität Salamanca. **5.** Lesen Sie bitte weiter. **6.** Glaubst du noch an diese Dinge? **7.** Meine Schwägerin behauptet weiter, daß ich die Schuld habe. **8.** Spart ihr noch, um euch eine Wohnung zu kaufen? **9.** Geht er noch dorthin? **10.** Mein Schwiegersohn raucht noch vierzig Zigaretten täglich.

39. Tiempos del pasado

1. Paco y Lucía (conocerse) ... en el tren a Córdoba. **2.** Paco (empezar) ... a contar chistes a todos los pasajeros del departamento. **3.** (Estar; él) ... de muy buen humor, porque la chica le (gustar) ... **4.** Ella al principio no (reírse) ... y (mirar)... por la ventana. **5.** (Interesarse; ella) ... sólo por el paisaje. **6.** Pero luego también ella (comenzar) ... a estar de buen humor. **7.** Al terminar el viaje los dos (estar) ... enamorados. **8.** Tres meses después (casarse; ellos) ... con una gran fiesta.

40. Ponga los tiempos adecuados

1. Dante Alighieri, el mayor poeta italiano, (nacer) ... en el año 1265. **2.** (Participar) ... en las luchas entre güelfos y gibelinos. **3.** Los güelfos (ser) ... los partidarios del Papa. **4.** Los gibelinos, en cambio, (defender) ... la autoridad del Emperador. **5.** En 1302, Dante (ser) ... desterrado de Florencia. **6.** (Escribir) ... la Divina Comedia en toscano. **7.** (Morir) ... en 1321.

41. ¿Indicativo o subjuntivo?

1. Francamente, no creo que su piso (estar) ... amueblado con elegancia. **2.** No es seguro que los niños (saber) ... de memoria esa canción. **3.** Yo creo que si se lo (pedir, vosotros) ..., os lo prestará. **4.** Es casi seguro que el gobierno (ir) ... a subir los impuestos. **5.** Es muy poco probable que las autoridades (poder) ... resolver ese tipo de problemas, que (ser) ... más bien de orden personal. **6.** ¿Crees tú que precisamente él (tener) ... interés en ayudarte? **7.** No estoy tan seguro de que con esa estrategia (triunfar, ellos) ... en un mercado tan competitivo. **8.** ¿No crees que también tú (deber) ... trabajar alguna vez en la vida? **9.** Tampoco es imposible que de vez en cuando (suceder) ... precisamente esos accidentes. **10.** Siento mucho que no (poder, tú) ... venir el sábado a la fiesta de despedida.

42. Traducir al español (con "alabar")

1. ich werde gelobt **2.** man lobt mich **3.** man hat mich gelobt **4.** ich wurde gelobt **5.** ich werde gelobt werden **6.** ich würde gelobt werden **7.** (daß) ich gelobt werde **8.** (wenn) ich gelobt würde **9.** (wenn) ich gelobt werden würde **10.** gelobt worden sein **11.** ich bin gelobt worden **12.** ich war gelobt worden **13.** ich werde gelobt worden sein **14.** ich würde gelobt worden sein **15.** (wenn) ich gelobt worden wäre.

43. Ponga los tiempos correspondientes del pasado

1. Carmen (estar) ... muy emocionada, porque (ser) ... la primera vez que (ir) ... a la ópera. **2.** (Haberse; ella) ... puesto un hermoso vestido largo que le (haber) ... regalado sus padres y algunas joyas que (tener; ella) ... de antes. **3.** Aunque no (haber; ellos) ... sacado entradas, no (tener; ellos) ... prisa, porque les (haber; ellos) ... dicho que (quedar) ... muchas localidades libres. **4.** En cambio, cuando (llegar; ellos) ..., (encontrar) ... a una enorme cantidad de gente que (hacer) ... cola ante las taquillas. **5.** Probablemente a todos les (haber; ellos) ... dicho lo mismo. **6.** Al ver tanta gente, (creer; ellos) ... oportuno renunciar a la ópera, y (ir) ... a un restaurante muy elegante, donde (comer) ... y (divertirse) ... mucho, a pesar de que mucha gente los (mirar) ... como bichos raros por sus vestidos largos.

44. Poner los tiempos adecuados del pasado

1. Lucía y Paco (decidir) ... hacer una excursión romántica por la región. **2.** (Ser) ... novios e (ir) ... a casarse dentro de dos meses. **3.** (Preparar) ... el itinerario de viaje por lugares donde no (haber) ... parientes. **4.** Eso (ser) ... muy diffcil, porque (tener, ellos) ... parientes y conocidos por todas partes. **5.** Por eso la ruta de la excursión (resultar) ... muy complicada. **6.** Ellos mismos no (estar) ... seguros de seguir ese itinerario. **7.** Pero no se lo (decir) ... a nadie. **8.** El día señalado (salir) ... los dos a las nueve de la mañana en el coche de Paco. **9.** Cuando (volver; ellos) ..., (tener; ellos) ... que inventar muchas aventuras, porque (pasar) ... unos días en una ciudad cercana.

45. Ejercicios sobre el indicativo y el subjuntivo

1. Parece que su cuñado (haber) ... ganado cien mil euros en la lotería. **2.** Sin embargo, no parece que (haber) ... cambiado nada en su estilo de vida. **3.** Su rival está furioso porque le (haber, ellos) ... nombrado ministro; es natural que lo (estar, él) ..., porque él era el candidato casi seguro. **4.** No es que le (permitir, yo) ... usar mi coche; lo que pasa es que no (tener, yo) ... medios para impedirlo. **5.** Ya sabes cómo (ser) ... esa gente: lo que se les (ocurrir) ..., lo (hacer, ellos) ... **6.** Lo que os recomiendo es que no (contar, vosotros) ... nada a nadie. **7.** No quiero decir que usted (mentir) ..., pero seguramente alguien lo (haber) ... informado de manera incompleta. **8.** Es poco probable que (terminar, nosotros) ... el trabajo para el comienzo del campeonato. **9.** No consiento que (burlarte) ... de estas cosas. **10.** Lamentamos mucho que la mercancía (haber) ... llegado en mal estado.

EJERCICIOS B

1. Expresar en potencial

1. Les advierto que está prohibido fumar. **2.** No tengo dinero suficiente. **3.** Los niños duermen en el salón. **4.** Disponemos de tiempo más que de sobra. **5.** No le doy ni céntimo. **6.** Nunca salimos con tan mal tiempo. **7.** Os conviene ahorrar. **8.** Vienen en tren y siguen en coche. **9.** ¿Vale la pena perder más tiempo? **10.** No quiere hacerlo.

2. Poner el verbo en futuro

1. Vienen muchos turistas. **2.** Le dices que no quieres. **3.** No hay más remedio que callar. **4.** Vamos de vacaciones a Malta; ¿y vosotros dónde las pasáis? **5.** Le advierto que es necesario cerrar bien la ventana. **6.** No cabe todo en la maleta; hay que dejar algo. **7.** Me pide dinero, pero yo no se lo doy. **8.** El niño obtiene todo de su abuelita. **9.** ¿Ponemos las flores en el balcón? **10.** ¿A qué hora salís del cine?

3. Completar con preposiciones

1. Me mandó los libros ... correo; son libros ... texto. **2.** A Lola no le gusta pasear ... el parque; prefiere ir ... campo. **3.** Muchas gracias ... las informaciones ... tus vacaciones. **4.** Ayer te llamé ... teléfono, pero no estabas ... casa. **5.** Estas flores son ... tu hermana. **6.** En nuestro viaje, pasamos ... Barcelona ... visitar la ciudad. **7.** ¿Te acuerdas ... Paco? - Sí, a menudo pienso ... él. **8.** Ayer vi... tu amiga; iba ... la calle ... su madre.

4. Traducir, formulando antes preguntas adecuadas

1. Heute nicht. **2.** Auf die Ferien. **3.** In München. **4.** Doch. **5.** Weil es kalt ist. **6.** Ich weiß nicht. **7.** Vielleicht. **8.** Morgen. **9.** Gegen Abend. **10.** Um 8 Uhr. **11.** Zwei Wochen. **12.** Jeden Morgen. **13.** Aus Italien. **14.** Nach Hamburg. **15.** Bei Familie Müller. **16.** Erst übermorgen. **17.** Im Gasthaus. **18.** Auf Nebenstraßen. **19.** Immer, wenn ich Zeit habe. **20.** Letzten Sommer.

5. Completar (donde no hay verbo, elegir entre ser – estar – hay)

1. ¿Desea Vd. que nosotros (traducir) ... este texto? **2.** En esta calle ... un restaurante donde la comida ... barata. **3.** Hace tres años, nosotros (ir) ... de vacaciones a Grecia. **4.** Mi amigo ... médico; ... en un pueblo de la costa; ... bien. **5.** Ayer, cuando vosotros (ir) ... la Plaza, yo (veros) ... desde el balcón. **6.** Es muy difícil que (yo; tener)... tiempo para visitaros.

6. Traducir

1. Sie kaufte ein Buch für ihren Freund. **2.** Er ist vor mehr als zwei Wochen verschwunden. **3.** Die Erde bewegt sich um die Sonne. **4.** Südamerika verfügt über viele Rohstoffe. **5.** Einer hängt vom anderen ab. **6.** Jemand hat nach dem Chef gefragt. **7.** Wir sind mit dem Auto gefahren. **8.** Wer sorgt für die Kinder? **9.** Von Toledo aus kehrten wir nach Madrid zurück.

7. Traducir

1. Wurdest du schon informiert? – Nein, sie werden wohl den genauen Termin noch nicht wissen. **2.** Wenn ich doch nur etwas von dieser Angelegenheit gewußt hätte! **3.** Wenn sie es mir rechtzeitig gesagt hätten, hätte ich sie angerufen, und morgen wäre alles erledigt. **4.** Der Clown wurde von neugierigen Kindern umringt. **5.** Ich wollte, daß sie die Reise nicht macht, aber ich fürchte, daß sie trotzdem abgereist ist. **6.** Es dürfte fünf Uhr gewesen sein, als ich zurückkam.

8. Tierra de contrastes

Si tres viajeros recorriesen España por rutas distintas, desembarcando uno en Algeciras para recorrer Andalucía y el litoral mediterráneo, visitando otro la costa cantábrica y Galicia, y la Meseta Central el tercero, creerían encontrarse en distintos países.

El primero se hallaría en la España meridional, tierra de la flor de azahar, el cielo azul, los olivares y el sol refulgente; el segundo creería encontrarse en cualquier paisaje familiar de Europa Occidental, con numerosas zonas industriales llenas de chimeneas y el dinamismo de los centros mineros; el último, en las pardas llanuras castellanas, podría suponerse transportado al Asia Central, con sus vastas y desnudas llanuras y los dilatados horizontes, limitados por líneas de azules montañas, con inviernos largos y fríos, y con calurosos veranos.

Verdaderamente, España es una tierra de contrastes.

9. Traducir

1. Er zahlte und blickte dabei auf die beiden schweren Koffer. **2.** Versprich mir, daß du mir die spanischen Zigarren bringen wirst! **3.** Steig nicht in den Bus, der gerade hinter der Kathedrale hält! Nimm die Straßenbahn! Sie ist leer. **4.** Die Studentin kannte die Herren noch nicht, mit denen ihr Freund plauderte. **5.** Ich bitte dich, ein Kilo Fisch und eine Flasche Mineralwasser zu kaufen. **6.** Heute haben wir nicht an das Abendessen gedacht.

10. Unir las frases con un pronombre relativo

Compré en la exposición un cuadro muy curioso ➜ *El cuadro que compré en la exposición es muy curioso.*

1. He alquilado un piso; debo empapelar las paredes. **2.** Julio es un gran amigo mío; se marchó para Méjico. **3.** Ayer te hablé de un músico; vive en Alicante. **4.** Conocí en Málaga a un escultor famoso; es irlandés. **5.** Leo una novela; es sumamente emocionante. **6.** Trabajo para una firma extranjera; tiene la central en París. **7.** He reflexionado mucho sobre el asunto; me parece interesante. **8.** Vivían en una casa; está convertida ahora en almacén. **9.** Ha sido atropellada una señora; es la abuela de Paco. **10.** Se enamoró de una muchacha extranjera; estudia farmacia.

11. Traducir

1. Fast hätte er einen Unfall gehabt. **2.** Was hätten wir machen können? **3.** Worauf hättest du Lust? **4.** Er empfing uns, als ob nichts geschehen wäre. **5.** Vielleicht wäre es möglich, daß Sie mir noch heute eine positive Antwort geben. **6.** Wären wir doch in Málaga geblieben! **7.** Wenn er bloß nicht käme!

12. Formar frases condicionales

Si pudiera, iría a España.

1. Quiero ir – no tengo tiempo;
2. desea comprar un coche – no le ayudan sus padres;
3. quiere visitar al amigo enfermo – no sabe en qué hospital está;
4. desea trabajar en Lisboa – no sabe portugués;
5. quiere ir a México – no aguanta el viaje en avión;
6. quiere cenar – aún no han abierto el restaurante;
7. quiere ir de paseo – hace mal tiempo;
8. queremos tomar las vacaciones – el niño esta enfermo;
9. desean esquiar – no hay nieve suficiente;
10. quiere ir al cine – tener mucho trabajo.

13. Traducir

1. Wir kämen rechtzeitig, wenn wir gleich abfahren würden. **2.** Wäre ich nicht vor vier Jahren in Madrid gewesen, hätte ich meine Frau nie kennengelernt. **3.** Wenn du hier wärest, würden wir große Pläne machen. **4.** Ich würde noch eine Woche hier verbringen, wenn ich nicht Ende September wieder zu arbeiten anfangen müßte. **5.** Wenn ich Zeit hätte, würde ich dich besuchen.

14. Formar frases condicionales según exija el sentido

1. no tengo dinero – quiero comprar un coche
2. es tarde – no puedo acompañarte
3. vienen a deshora – no podemos esperar
4. dicen tonterías – no les creemos
5. traen poco tiempo – no podemos visitar el museo
6. habláis demasiado – nadie os cree

15. Traducir

1. Warum schlagen Sie ihr nicht vor, mit Ihnen zu arbeiten? **2.** Ich vermute, Sie sind der Herr, der mich angerufen hat. **3.** Es freut mich, daß du gesund bist. **4.** Es ist sehr wahrscheinlich, daß er kommt. **5.** Ich werde ihm sagen, daß ich diese Arbeit nicht machen kann. **6.** Antworten Sie nur auf das, was man Sie fragt. **7.** Du kannst machen, was du willst, es wird nicht besser. **8.** Da kann er sagen, was er will, ich glaube ihm kein Wort. **9.** Ich wußte nicht, daß du deiner Schwester hilfst. **10.** Denken Sie nicht, daß ich alles so schnell vergessen kann. **11.** Es ist seltsam, daß niemand kommt. **12.** Er ist faul und verdient nicht, daß du ihm hilfst.

16. Completar (verbo y preposición)

1. Cuando (yo; ir) ... vacaciones, siempre (visitar) ... mis amigos y (pasar) ... un día ... ellos. **2.** Cuando tú (visitar) ... Italia, yo (estar) ... Grecia. **3.** Cuando (nosotros; volver) ... las vacaciones ... España, encontraremos mucho trabajo. **4.** Cuando (tú; llamar) ... teléfono el miércoles pasado, (yo; estar) ... viaje.

17. Traducir

1. Wenn ich nicht krank wäre, würde ich dich besuchen. **2.** Ich würde mich freuen, wenn du Geld hättest. **3.** Wenn ich in Italien wäre, müßte ich Italienisch sprechen. **4.** Es wäre mir lieber, wenn du ihm nichts erzählen würdest. **5.** Würden Sie bitte morgen vorbeikommen? **6.** Eigentlich müßte er schon da sein! **7.** Es wäre sehr nett, wenn du mir 100 Euro leihen könntest. **8.** Ich würde dir helfen, wenn ich Geld hätte. **9.** Es würde uns sehr helfen, wenn Sie die Rechnung begleichen könnten. **10.** Sehr gerne würden wir es tun, aber das Geld reicht nicht.

18. Construir con gerundio

Estaba escribiendo una carta.

1. El camarero sirve el café. **2.** Leía el periódico cuando llamaron a la puerta. **3.** Los alumnos se examinan de historia. **4.** Mis padres cenaban cuando llegué. **5.** El tren sale de la estación. **6.** El médico visita a los enfermos del hospital. **7.** La madre descansa en la pérgola. **8.** Los árboles crecen muy derechos. **9.** El agua ya hierve. **10.** Nevaba cuando salimos.

19. Traducir

1. Zahlen Sie bitte die Rechnung! **2.** Stimme dem nicht zu! **3.** Verabschiedet euch nicht so früh! **4.** Erzähle es ihr! **5.** Bleibt zu Hause! **6.** Übersetzt es ihm nicht! **7.** Zieh die Schuhe aus! **8.** Leg mir alles auf den Tisch! **9.** Verteile die Bonbons! **10.** Sagen Sie es mir bald!

20. Construir con gerundio y pronombres

Julio da el libro a Puri ➜ *Julio está dándoselo.*

1. El profesor nos explica la lección. **2.** Luis compra un libro para su novia. **3.** Los invitados se ponen el abrigo para marcharse. **4.** Escriben cartas a los amigos de Alemania. **5.** El camarero sirve el aperitivo a los turistas. **6.** Los turistas daneses visitan el puerto y el museo. **7.** Paco se come un bocadillo. **8.** Paquita arregla el peinado. **9.** Los estudiantes se preparan para el examen. **10.** Dan las doce en el reloj de la Catedral.

21. Formar los gentilicios

Estados Unidos – China – Japón – Chile – Argentina – Galicia – Bélgica – Israel – Arabia – Egipto – Madrid – Lima – Guatemala – Inglaterra – Londres – Hamburgo – Estonia – Suiza – Lituania – Grecia – Atenas – Italia – Barcelona – Granada – los Andes – Suecia – Mediterráneo – Aragón – La Mancha – Cataluña – Málaga – México – León – Buenos Aires – Cuba – Honduras – Nicaragua – Bohemia – Letonia.

22. Complete estas frases con indicativo o subjuntivo

1. Es lógico que ellos (divertirse) ..., son jóvenes. **2.** Cuando me lo (vosotros; pedir) ..., no os lo daré. **3.** Es seguro que no (querer; ellos) ... salir mañana con nosotros. **4.** Te aconsejo que (tú; repetir) ... esta parte. **5.** Siempre que voy a su casa, no (haber) ... nadie. **6.** No creo que Petra (continuar) ... sus estudios en Madrid. **7.** Hasta que no lo (ver; yo)..., no lo creeré. **8.** Si te empeñas en que (ir; yo) ..., iré. **9.** Cuando (terminar; vosotros) ... el ejercicio, podéis salir. **10.** Mientras (durar) ... la huelga, no habrá clase.

23. Ejercicios sobre los comparativos

1. Cervantes ist eine der bedeutendsten Persönlichkeiten der Weltliteratur. **2.** Dieser Stoff ist der billigste, den wir haben. **3.** Die kürzesten Tage sind im Winter. **4.** Er hat die vollständigste Münzsammlung, die es gibt. **5.** Dieses Bild gefällt mir am wenigsten. **6.** Es gibt kein schöneres Land. **7.** Der Betrieb arbeitet mit modernsten Maschinen. **8.** Kommen Sie möglichst bald. **9.** Er arbeitet am besten. **10.** Er bildet sich ein, der Beste in seiner Klasse zu sein. **11.** Ich lebe in einem Wohnheim mit viel jüngeren Leuten als ich. **12.** Sie wird immer eleganter. **13.** Er ist ebenso bekannt als Alpinist und Buchautor wie als Schauspieler und Regisseur. **14.** Sie ist auch mager, aber viel kleiner. **15.** Je früher, desto besser. **16.** Es geht mir besser denn je.

24. Emplear la forma del gerundio

1. La alegría aumenta (compartir) ... con los demás. **2.** El portero estaba (hablar) ... con una vecina. **3.** La vendedora está (elegir) ... un par de vestidos. **4.** Los niños se marcharon (gritar) ... **5.** (Pensar) ... en el viaje, me dormí. **6.** La profesora estaba (corregir) ... las redacciones. **7.** Lleva ya muchos años (vivir) ... en París. **8.** Encontré a mi amigo (leer) ... una novela. **9.** Cuando me llamaste, yo estaba (oír) ... un concierto de música barroca. **10.** ¿Qué estás (decir) ...? No te entiendo.

25. Colocar la preposición si es necesario

1. Al llegar ... casa, saludé ... mis vecinos y me invitaron ... cenar ... ellos. También estaba presente un amigo ... colegio, y le di un regalo ... su madre enferma. **2.** La carta ha sido escrita ... un amigo; es ... un cliente ... Múnich, ... quien conozco. ¿Has visto ... las señas? **3.** Muchas gracias ... tu carta y ... tu felicitación ... cumpleaños. **4.** Los libros son ... un amigo ... mi hermana; estudia ... Bonn.

26. Distinguir los acentos

1. qué/que

¿... quieres? Me ha dicho ... no puede venir. ¡... se le va a hacer!

2. sí/si

Me ha respondido que ... viene, ... tiene tiempo.

3. sólo/solo

Me gusta pasear ... por las calles solitarias, pero ... de día.

4. cuándo/cuando
¿... vienes a visitarnos? Dinos exactamente ... tienes tiempo; ... vengas, haremos un programa de visitas a la región.

5. cuánto/cuanto
Dame ... te sea posible y anota ... te debo. ¿... falta para salir de viaje?

6. más/mas
El enfermo quería comer ..., ... el médico se lo prohibió.

7. aún/aun
No creo ni ... la mitad de lo que dices; ... no me has engañado, ni me engañarás.

8. té/te
¿Quieres que ... sirva un ... bien calentito?

27. Completar en pretérito

La víspera de la fiesta, Pepe (ir) ... a casa de Manolo; (sentarse) ... en la butaca de siempre, (pasear) ... la mirada por la salita, en cuyas paredes (colgar) ... cuadros con fotografías familiares, y tras hacer observar que (sentir) ... gran admiración por los gustos tradicionales de su amigo, (empezar) ... a soltarle el rollo de siempre. Manolo (oír) ... sin ganas mientras (echar) ... un vistazo al periódico que (traer) ... Pepe; éste, de pronto, (pedir) ... una copa de coñac, que Manolo (servir) ... En vista de que nadie (escucharle) ..., Pepe (marcharse) ... sin despedirse.

28. Traducir

1. Vielen Dank, daß Sie uns einen Auftrag erteilt haben. **2.** Wir hoffen, daß Sie schon morgen die Ware erhalten werden. **3.** Bitte führen Sie den vorliegenden Auftrag so schnell wie möglich aus. **4.** Falls wir mit den Erzeugnissen zufrieden sind, werden wir Ihnen größere Aufträge erteilen. **5.** Wir hoffen, daß sich unsere Geschäftsbeziehungen positiv entwickeln. **6.** Wir empfehlen Ihnen, uns Ihre Aufträge so bald wie möglich zu erteilen. **7.** Wir bitten Sie, unser vorliegendes Angebot zu prüfen. **8.** Wir hoffen, daß Sie uns bald Ihren ersten Auftrag erteilen werden. **9.** Wir können Ihnen die Prospekte auch in spanischer Sprache liefern. **10.** Wir bitten Sie, die Kunden regelmäßig zu besuchen. **11.** Wir erwarten, daß Sie unsere Interessen wahrnehmen werden. **12.** Falls Sie eine Änderung der Bedingungen wünschen, bitten wir Sie, uns davon zu unterrichten. **13.** Wir hoffen, daß Ihnen unsere Produkte zusagen. **14.** Ich bedauere, daß ich Ihnen noch keine Einzelheiten mitteilen kann.

29. Completar con preposiciones y formas verbales (si no se indica el verbo, elija ser – estar)

1. El reloj que ... la entrada ... salón ... un regalo ... mis amigos; (regalármelo) ... hace un par ... años ... motivo ... mi ascenso ... general. **2.** Suponiendo que (ganar; tú) ... un millón ... la lotería, ¿que (hacer) ... el dinero?; ¿ (gastarlo) ... lo loco, o bien (invertirlo) ... una manera inteligente? Claro que ... suposiciones, pero cada uno (tener) ... algún proyecto que (querer) ... convertir ... realidad algún día.

15. KAPITEL

1. Die indirekte Rede (el estilo indirecto)

Im Gegensatz zum Deutschen verlangt die **indirekte Rede im Spanischen** nicht den Konjunktiv, sondern den **Indikativ**.

Es sind dabei folgende **Regeln der Zeitenfolge** zu beachten: Steht in der **Einleitung** eine sog. **Gegenwartszeit** (Präsens, Perfekt, Futur) oder **Konditional**, so **bleibt** die **Zeit des Originalsatzes** erhalten. Steht in der **Einleitung** eine sog. **Vergangenheitszeit** (Indefinido, Imperfekt oder Plusquamperfekt), so sind im Originalsatz **folgende Regeln** der Zeitenfolge einzuhalten:

Einleitung	**Originalsatz**
sog. **Gegenwartszeit** (Präsens, Perfekt, Futur) und **Konditional**	die **Zeit des Originalsatzes bleibt** erhalten
sog. **Vergangenheitszeit** (Indefinido, Imperfekt, Plusquamperfekt)	im Originalsatz sind **folgende Regeln der Zeitenfolge** einzuhalten: A. **Präsens** wird zu **Imperfekt** B. **Perfekt** wird zu **Plusquamperfekt** C. **Futur** wird zu **Konditional**

Gegenwartszeiten (Präsens, Perfekt, Futur) und **Konditional**	**Vergangenheitszeiten** (Imperfekt, Indefinido, Plusquamperfekt)
Dice: – Soy alemán. **Dice** que **es** alemán. **Ha dicho** que **es** alemán. **Dirá** que **es** alemán. **Diría** que **es** alemán.	**Dijo: – Soy alemán.** **Dijo** que **era** alemán. **Decía** que **era** alemán. **Había dicho** que **era** alemán.
Dice: – He estudiado mucho. **Dice** que **ha estudiado** mucho. **Ha dicho** que **ha estudiado** mucho. **Dirá** que **ha estudiado** mucho.	**Dijo: – He estudiado mucho.** **Dijo** que **había estudiado** mucho. **Decía** que **había estudiado** mucho. **Había dicho** que **había estudiado** mucho.
Dice: – Viajaré a Francia. **Dice** que **viajará** a Francia. **Ha dicho** que **viajará** a Francia. **Dirá** que **viajará** a Francia. **Diría** que **viajará** a Francia.	**Dijo: – Viajaré a Francia.** **Dijo** que **viajaría** a Francia. **Decía** que **viajaría** a Francia. **Había dicho** que **viajaría** a Francia.

Steht der **Originalsatz** in einer Zeit der **Vergangenheit** bzw. im **Konditional**, so wird **diese Zeit** in der indirekten Rede **beibehalten**. Nur das **Indefinido kann**, wenn es eine Vorzeitigkeit ausdrückt, zum **Plusquamperfekt** werden.

Gegenwartszeiten (Präsens, Perfekt, Futur) und **Konditional**	**Vergangenheitszeiten** (Imperfekt, Indefinido, Plusquamperfekt)
Dice: – Yo estaba enfermo. **Dice** que **estaba** enfermo. **Ha dicho** que **estaba** enfermo. **Dirá** que **estaba** enfermo. **Diría** que **estaba** enfermo.	**Dijo: – Yo estaba enfermo.** **Dijo** que **estaba** enfermo. **Decía** que **estaba** enfermo. **Había dicho** que **estaba** enfermo.
Dice: – No lo hice. **Dice** que no lo **hizo.** **Ha dicho** que no lo **hizo.** **Dirá** que no lo **hizo.** **Diría** que no lo **hizo.**	**Dijo: – No lo hice.** **Dijo** que no lo **hizo.** **Dijo** que no lo **había hecho.** **Decía** que no lo **hizo.** **Decía** que no lo **había hecho.** **Había dicho** que no lo **hizo.** **Había dicho** que no lo **había hecho.**
Dice: – Yo había trabajado. **Dice** que **había trabajado.** **Ha dicho** que **había trabajado.** **Dirá** que **había trabajado.** **Diría** que **había trabajado.**	**Dijo: – Yo había trabajado.** **Dijo** que **había trabajado.** **Decía** que **había trabajado.** **Había dicho** que **había trabajado.**
Dice: – Yo no lo haría. **Dice** que no lo **haría.** **Ha dicho** que no lo **haría.** **Dirá** que no lo **haría.** **Diría** que no lo **haría.**	**Dijo: – Yo no lo haría.** **Dijo** que no lo **haría.** **Decía** que no lo **haría.** **Había dicho** que no lo **haría.**

ir a + Infinitiv = nahe Zukunft

Dice: – Voy a estudiar.
Dice que **va** a estudiar.
Ha dicho que **va** a estudiar.
Dirá que **va** a estudiar.
Diría que **va** a estudiar.

Dijo: – Voy a estudiar.
Dijo que **iba** a estudiar.
Decía que **iba** a estudiar.
Había dicho que **iba** a estudiar.

Ist in der **direkten Rede ein Konjunktiv** enthalten (vgl. S. 129), so muß dieser natürlich in die **indirekte Rede übernommen** werden. Das gilt auch für die **Imperative**! (Beachten Sie die Zeitenfolge, vgl. S. 129)

Direkte Rede	**Indirekte Rede**
No creo que venga.	**Dice** que no **cree** que **venga**. **Dijo** que no **creía** que **viniera/ viniese**.
¡Comed!	Nos **dice** que **comamos**. Nos **dijo** que **comiéramos/comiésemos**.
¡Levántate!	Me **dice** que me **levante**. Me **dijo** que me **levantara/levantase**.
Si tuviera/tuviese tiempo, iría a la fiesta.	**Dice** que **iría** a la fiesta si **tuviera/ tuviese** tiempo. **Dijo** que **iría** a la fiesta si **tuviera/ tuviese** tiempo.
Si hubiera/hubiese tenido tiempo, habría/hubiera ido a la fiesta.	**Dice** que **habría/hubiera ido** a la fiesta si **hubiera/hubiese tenido** tiempo. **Dijo** que **habría/hubiera ido** a la fiesta si **hubiera/hubiese tenido** tiempo.

1. Im Spanischen kann – im Gegensatz zum Deutschen – **que nicht entfallen**.

Dice que es español. — Er sagt, er sei Spanier.
Er sagt, daß er Spanier sei.

2. Nicht immer werden die Regeln der Zeitenfolge **streng eingehalten.** Es gibt Fälle, in denen freier verfahren werden kann, so z.B.

a. wenn es sich um eine noch **bestehende Tatsache** handelt:
Me **dijo** que José **sigue** trabajando en esta empresa. — Er sagte mir, daß José immer noch bei dieser Firma arbeite.

b. oder **eine stets gültige Tatsache/Aussage:**
En la Edad Media **no se sabía** que la Tierra **es** redonda. — Im Mittelalter wußte man nicht, daß die Erde rund ist.

c. oder eine **in die Zukunft gerichtete Aussage:**
El Ministro **afirmó** que **se presentará** a las elecciones. — Der Minister gab an, daß er zu den Wahlen antreten werde, etc.

2. Die Modalverben (los verbos modales)

a. „können"

1. **poder** (von äußeren Umständen abhängiges „können")
2. **saber** (geistige, erlernte oder angeborene Fähigkeit: „wissen"/„können"). No **puedo** venir porque no tengo tiempo. Ich **kann** nicht kommen, weil ich keine Zeit habe. **Sabe** conducir. Sie/Er **kann** fahren. **Sabe** inglés. Sie/Er **kann** Englisch. **Sabe** escribir a máquina. Sie/Er **kann** Maschine schreiben. (Vgl. Teil I, S. 153)

b. „dürfen"

1. **poder** (dürfen/können) ¿Se **puede** fumar? **Darf** man rauchen? (Kann man ...?) **Puedes** comprar el disco. Du **darfst** die Schallplatte kaufen. (... kannst ...)
2. **deber** (dürfen/sollen - verneint!) No **debes** hacerlo. Du **darfst** das nicht machen. (... sollst ...). No **debo** olvidarlo. Ich **darf** es nicht vergessen.
3. **Futur** bzw. **Potencial** (bei unsicherer Aussage).
Serán las ocho. Es **dürfte** acht Uhr sein. **Serían** las tres cuando volvieron. Es **dürfte** drei Uhr gewesen sein, als sie zurückkamen. (Vgl. S. 13 und S. 16)

c. „sollen"

1. **deber** (moralische Verpflichtung).
Deber = sollen, dürfen, müssen. **Debes** decirme la verdad. Du **sollst** mir die Wahrheit sagen.
Deber de = dürfte/dürften (= Vermutung!). **Deben de** ser las diez. Es **dürfte** zehn Uhr sein. Ya **debe de** haber terminado la función. Die Vorstellung **dürfte** schon zu Ende sein.
2. **Futur** (Befehl, Gebot)
Honrarás a tu padre y a tu madre. Du **sollst** Vater und Mutter ehren.
3. u.U. auch: **querer** + Infinitiv/Präsens Indikativ: ¿Qué **quiere** decir eso? Was **soll** das heißen? ¿**Quieres** que lo haga? **Soll** ich es tun? ¿Qué **hacer**? Was **soll** man **tun**? ¿Qué **digo** al profesor? Was **soll** ich dem Lehrer **sagen**?

d. „müssen"

1. **tener que** (Verpflichtung, Notwendigkeit). **Tengo que** trabajar para ganarme la vida. Ich **muß** arbeiten, um meinen Lebensunterhalt zu verdienen. Dazu: **hay que = man muß**. Hay que trabajar. Man muß arbeiten. (Vgl. Teil I, S. 41)
2. **haber de/deber** (moralische Verpflichtung)
He de hacerlo. **Debo** hacerlo. Ich **muß** es tun/sollte es tun.
3. **es necesario que, es preciso que** + Subjuntivo (u.a.)
Es necesario que estudies. Es ist nötig, daß du lernst. Du **mußt** lernen.

e. „mögen", „wollen"

1. **querer** (mögen, wollen, lieben, gern haben, wünschen). ¿**Quiere** otra cerveza? **Möchten** Sie noch ein Bier? ¿No **quieres** llamarle? **Willst** du ihn nicht anrufen?
Dazu: **quisiera** (ich möchte gern) (vgl. S. 15). ¡**Quisiera** hacer un viaje alrededor del mundo! Ich **möchte** gerne eine Weltreise machen!
2. **gustar** (mögen, wollen, gefallen, gerne tun). No **me gusta** esta comida. Ich **mag** dieses Essen nicht. Dieses Essen **schmeckt** mir nicht.
3. **tener ganas de** (mögen, wollen, Lust haben). No **tengo ganas** de ir al teatro contigo. Ich **will** mit dir nicht/**mag** mit dir nicht ins Theater gehen.
4. **pensar, tener la intención**, u.U. auch: **ir a + Infinitiv** (= die Absicht haben, vorhaben, werden/wollen). **Pienso** vender mi coche. Ich **will** mein Auto verkaufen. (... habe die Absicht ...). **Tengo la intención** de pasar las vacaciones en Cuba. Ich **will** meine Ferien auf Cuba verbringen. **Voy a** pasar las vacaciones en Italia. Ich **will/werde** die Ferien in Italien verbringen.

f. „brauchen"

1. **hacer falta, necesitar** (Notwendigkeit). **Necesito** mucho dinero. Ich **brauche** viel Geld. Para aprender idiomas **hace falta** mucha paciencia. Um Sprachen zu lernen, **braucht** man viel Geduld.
2. **negativ**: (vgl. Teil I, S. 40.): **no hay que – no tener que – no es necesario que** = nicht brauchen. No **hay que** trabajar tanto. Man **braucht** nicht soviel zu arbeiten. No **tienes que** pagarlo. Te lo regalo. Du **brauchst** es nicht zu bezahlen. Ich schenke es dir. No **es necesario que** lo repitas. Du **brauchst** es nicht zu wiederholen.

g. „werden"

1. **llegar a ser** bzw. nur **ser** (Ziel, Zweck). Su hermano **será** abogado. Sein Bruder **wird** Anwalt. Él no **llegará a serlo**. No estudia bastante. Er selbst **wird keiner** werden (es nicht schaffen), weil ...
2. **ponerse, convertirse, caer, volverse, meterse, hacerse** u.a. = Übergang in einen anderen Zustand (plötzlich, als Entwicklung, zur Erreichung eines Ziels) : plötzlicher **Übergang**: **Se ha puesto** enfermo. **Ha caído** enfermo. Er ist krank **geworden**. **Me volveré loca** si no te callas. **Ich werde** verrückt, wenn du nicht ruhig bist. **Entwicklung**: El trabajo **se hace** cada día más aburrido. Die Arbeit **wird** mit jedem Tag langweiliger. **Se convirtió** en traidor. Er **wurde** zum Verräter. **Ziel**: **Se metió** fraile. Er **wurde** Mönch. **Se hizo** monja. Sie **wurde** Nonne.
3. Verben, die ein **„werden"** ausdrücken, wie z.B. **adelgazar** (dünn/schlank werden), **amanecer** (Tag werden), **anochecer** (Nacht werden), **atardecer** (Abend werden), **cansarse** (müde werden), **empeorar** (schlimmer werden), **enfadarse** (böse werden), **enfriarse** (kalt werden), **engordar** (dick werden), **envejecer** (alt werden), **madurar** (reif werden), **mejorar** (besser werden).

h. „lassen"

1. **dejar** (zulassen, verlassen, überlassen, weglassen, unterlassen u.a.). No me **deja** trabajar. Er **läßt** mich nicht arbeiten. ¡No me **dejes**! **Verlaß** mich nicht! ¿Me **dejas** tu coche? **Überläßt (leihst)** du mir deinen Wagen?
2. **hacer + Infinitiv** (veranlassen) **¡Hágale** entrar! **Lassen** Sie ihn hereinkommen!
3. u.U. **poder** (lassen, können) Eso se **puede** solucionar. Das **läßt** sich lösen/läßt sich eine Lösung finden. (... kann man ...)
4. u.U. **Imperativ** 1. Pers. Plural bzw. vamos a + Infinitiv = laßt uns (wollen wir) (vgl. S. 44). **Vamos a** terminar. **Terminemos**. **Laßt** uns aufhören!

Aber: **Voy a** cortarme el pelo. Ich **lasse** mir die Haare schneiden. Quiere **hacerse** un traje. Er will sich einen Anzug machen **lassen**. **Levanta** un chalet a orillas del mar. Er **läßt** sich ein Ferienhaus am Meer bauen.

3. Verben mit bestimmten Präpositionen

In vielen Fällen **verändert** die **Präposition** die **Bedeutung** des begleitenden Verbs. Manchmal handelt es sich hierbei nur um eine Nuance, oft verleiht sie dem Verb jedoch eine **völlig neue Bedeutung**. In dem Satz: "El asesino cayó sobre la víctima", ist **caer sobre** gleichbedeutend mit **atacar** (angreifen, über jemanden herfallen).

acabar con algo – etwas erledigen; etwas vernichten/vertilgen

acabar con alguien – mit jemandem fertig werden; jemandem den Garaus machen

acabar de hacer algo – gerade etwas getan haben

acceder a un pedido – einer Bitte entsprechen

acostumbrarse a algo/alguien – sich an etwas/jemanden gewöhnen

acostumbrarse a hacer algo – sich daran gewöhnen, etwas zu tun

aguardar a que (+ subjuntivo) – abwarten, daß

alegrarse de algo/alguien – sich über etwas/jemanden freuen

alegrarse de llegar a casa – sich darauf freuen, nach Hause zu kommen

alegrarse de que lleguen las vacaciones – sich auf die Ferien freuen

animar a alguien (acus.) **a hacer algo** – jemanden ermutigen, etwas zu tun

animar a la lucha – zum Kampf ermutigen/anfeuern

animar a alguien (acus.) **a que** (+ subjuntivo) – jemanden ermutigen, zu

arrepentirse de algo – etwas bereuen

arrepentirse de haber hecho algo – bereuen, etwas getan zu haben

arriesgarse a algo – sich an etwas wagen

arriesgarse a hacer algo – wagen, etwas zu tun

asombrarse de algo/alguien – über etwas/jemanden staunen

asombrarse de que (+ subjuntivo) – darüber staunen, daß

aspirar a un puesto – nach einen Posten streben

aspirar a que lo elijan presidente – danach streben, zum Präsidenten gewählt zu werden

aspirar a ser elegido presidente – danach streben, zum Präsidenten gewählt zu werden

asustarse de algo/alguien – sich vor etwas/jemandem ängstigen/fürchten

asustarse de que (+ subjuntivo) – sich davor fürchten, daß

autorizar a alguien (acus.) **a que firme un documento/a firmar un documento** – jemanden bevollmächtigen, ein Dokument zu unterzeichnen

avergonzarse de algo/alguien – sich für etwas/jemanden schämen

avergonzarse de que – sich dafür schämen, daß

avergonzarse de hacer/haber hecho algo – sich (dafür) schämen, etwas zu tun/getan zu haben

basta con media docena – sechs Stück sind genug

basta con mandar un telegrama – es reicht, wenn man ein Telegramm schickt

basta con que mandes un telegrama – es reicht, wenn du ein Telegramm schickst

cansarse de algo – von etwas müde werden

cansarse de trabajar – von der Arbeit müde werden; die Arbeit satt haben,

comprometerse a algo – sich zu etwas verpflichten

comprometerse a hacer algo – sich verpflichten, etwas zu tun

comprometerse con alguien – sich jemandem gegenüber verpflichten

comprometerse en una tarea/misión – sich einer Aufgabe/Mission widmen

confiar en algo/alguien – einer Sache/jemandem vertrauen

confiar en que (+ subjuntivo) – darauf vertrauen, daß

conformarse con algo – sich mit etwas einverstanden erklären, sich mit etwas abfinden

conformarse con que (+ subjuntivo) – sich damit abfinden, daß

conformarse con cobrar cien euros más – sich einverstanden erklären, einhundert Euro mehr zu bekommen

congratularse de algo con alguien – sich mit jemandem über etwas freuen

congratularse de que (+ subjuntivo) – sich darüber freuen, daß

consentir en algo – in etwas einwilligen

consistir en – bedeuten, sein (p.ej. la democracia consiste en ...)

constar de tres partes/ocho capítulos – aus drei Teilen/acht Kapiteln bestehen

contar con algo – mit etwas rechnen

contar con alguien – auf jemanden zählen

contentarse con algo – sich mit etwas begnügen

contentarse con que (+ subjuntivo) – sich damit begnügen, daß

contentarse con recibir algo más de dinero – sich damit begnügen, etwas mehr Geld zu bekommen

contribuir a algo (dat.) – zu etwas beitragen

contribuir a hacer algo – dazu beitragen, etwas zu tun

contribuir a que (+ subjuntivo) – dazu beitragen, daß

convertirse en otra cosa – sich in etwas anderes verwandeln, etwas anderes werden

convertirse al cristianismo – Christ werden, sich zum Christentum bekehren

cuidar de algo/alguien – sich um etwas/jemanden kümmern

cuidar de que (+ subjuntivo) – sich darum kümmern, daß

dedicarse a algo/alguien (dat.) – sich einer Sache/jemandem widmen
dejar de fumar/llorar/llover – aufhören zu rauchen/weinen/regnen
dejarse de tonterías/cuentos – mit den Dummheiten/Geschichten aufhören
depender de algo/alguien – von etwas/jemandem abhängen
depender de que (+ subjuntivo) – davon abhängen, daß
desistir de algo – von etwas Abstand nehmen
desistir de su propósito – von seinem Vorhaben absehen
desistir de comprar un piso – auf den Kauf einer Wohnung verzichten
disculpar a alguien (acus.) **de algo** – jemandem etwas verzeihen
disculparse de algo – sich für etwas entschuldigen
disculparse de hacer/haber hecho algo – sich entschuldigen, etwas zu tun/etwas getan zu haben
disentir de alguien – anderer Meinung sein als jemand
disentir de una opinión – eine Meinung nicht teilen
disfrutar de/con algo – etwas genießen
disponer de algo/alguien – über etwas/jemanden verfügen
disponerse a la lucha/a la resistencia – sich auf den Kampf/Widerstand vorbereiten
disponerse a/para salir – sich zum Fortgehen anschicken
disponerse a que (+ subjuntivo) – sich darauf vorbereiten, daß
dudar de algo/alguien – an etwas/jemandem zweifeln
dudar de que (+ subjuntivo) – bezweifeln, daß; daran zweifeln, daß
echarse a llorar/correr – zu weinen/rennen anfangen
empeñarse en un trabajo – eine Arbeit beginnen; eine Arbeit sorgfältig machen
empeñarse en salir – um jeden Preis ausgehen wollen
empeñarse en que (+ subjuntivo) – darauf bestehen, daß
encargar algo a alguien (dat.) – jemanden mit etwas beauftragen
encargarse de algo – sich um etwas kümmern
encargarse de hacer algo – übernehmen, etwas zu tun
encargarse de que (+ subjuntivo) – sich darum kümmern, daß
equivaler a otra cosa – etwas anderem gleichkommen/gleich(wertig) sein
escandalizarse de/por algo – an etwas Anstoß nehmen
escandalizarse de que (+ subjuntivo) – daran Anstoß nehmen, daß
esforzarse en/por algo – sich anstrengen (, um etwas zu erreichen)
esforzarse en/por hacer bien algo – sich anstrengen, um etwas gut zu machen
esforzarse en que (+ subjuntivo) – sich darum bemühen, daß
esmerarse en algo – sich große Mühe geben, um ...

esmerarse en hacer bien algo – sich große Mühe machen, um etwas gut zu machen
esmerarse en que todo salga bien – sich darum bemühen, daß alles gut geht/klappt
espantarse de algo – über/vor etwas erschrecken
espantarse de que (+ subjuntivo) – davor erschrecken, daß
espantarse por/ante algo – vor/über etwas erschrecken
exponerse a un peligro – sich einer Gefahr aussetzen
exponerse a sufrir un accidente – Gefahr laufen, einen Unfall zu haben
exponerse a que suceda un accidente – Gefahr laufen, daß ein Unfall passiert
felicitar a alguien (acus.) **por su cumpleaños** – jemanden zu seinem Geburtstag gratulieren
felicitar a alguien (acus.) **por haber tenido buenas notas** – jemanden zu seinen guten Noten beglückwünschen
felicitarse de algo – sich über etwas freuen
felicitarse de haber hecho algo – sich darüber freuen, etwas getan zu haben
fijarse en algo/alguien – auf etwas/jemanden achten
forzar a alguien (acus.) **a algo** (dat.) – jemanden zu etwas zwingen
forzar a alguien (acus.) **a hacer algo/a que haga algo** – jemanden zwingen, etwas zu tun
hartarse de helados sich mit Eis "vollstopfen"
hartarse de algo – einer Sache überdrüssig werden/sein
hartarse de comer – sich sattessen
hartarse de trabajar – es satt haben, zu arbeiten; die Arbeit satt haben
hartarse de que (+ subjuntivo) – es satt haben, daß
impacientarse de/por algo – wegen etwas ungeduldig werden
impacientarse de oír siempre lo mismo – ungeduldig werden, immer dasselbe zu hören
impacientarse de que (+ subjuntivo) – ungeduldig sein/werden, daß
insistir en algo – auf etwas beharren/bestehen
insistir en hacer algo – darauf bestehen, etwas zu tun
insistir en que es verdad – darauf bestehen, daß es die Wahrheit ist
insistir en que alguien haga algo – darauf bestehen, daß jemand etwas macht/machen soll
interesarse por algo/alguien – sich für etwas/jemanden interessieren
interesarse por hacer algo – Wert darauf legen, etwas zu tun
jactarse de algo – sich mit etwas brüsten
jactarse de hacer/haber hecho algo – sich damit brüsten, etwas zu tun/getan zu haben
lanzarse sobre la presa/el enemigo – über die Beute/den Feind herfallen

obligar a alguien (acus.) **a trabajar** – jemanden zur Arbeit zwingen, jemanden zwingen zu arbeiten
obligar a alguien (acus.) **a que haga algo** – jemanden zwingen, etwas zu tun
obligarse a algo – sich zu etwas verpflichten
obligarse a hacer algo – sich verpflichten, etwas zu tun
ocuparse de/en algo – sich mit etwas beschäftigen
ofrecerse a algo (dat.) – sich zu etwas anbieten
ofrecerse a hacer algo – sich anbieten, etwas zu tun
oler a gasolina/a quemado – nach Benzin/Verbranntem riechen
olvidarse de algo/alguien – etwas/jemanden vergessen
olvidarse de hacer algo – vergessen, etwas zu tun
olvidarse de que (+ indicativo) – vergessen, daß
oponerse a algo/alguien – sich einer Sache/jemandem widersetzen
oponerse a hacer algo – dagegen sein, etwas zu tun; abgeneigt sein, etwas zu tun
oponerse a que alguien haga algo – dagegen sein, daß jemand etwas tut
pensar en algo/alguien – an etwas/jemanden denken
pienso viajar a España – ich habe vor, nach Spanien zu fahren
ponerse a leer/estudiar/trabajar – sich anschicken zu lesen/lernen/arbeiten
preciarse de algo – sich rühmen (dat.)
preciarse de hacer algo – sich rühmen, etwas zu tun
preciarse de haber recibido un premio – darauf stolz sein, einen Preis bekommen zu haben
prescindir de algo/alguien – auf etwas/jemanden verzichten
quedar con alguien en hacer algo – mit jemanden etwas ausmachen
quejarse de algo/alguien – sich über etwas/jemanden beklagen/beschweren
rebajarse a algo – sich zu etwas herabwürdigen
rebajarse a hacer algo deshonesto – sich herabwürdigen, etwas Unanständiges zu tun
referirse a algo/alguien – sich auf etwas/jemanden beziehen
renunciar a algo – auf etwas verzichten
renunciar a hacer algo – darauf verzichten, etwas zu tun
renunciar a que (+ subjuntivo) – darauf verzichten, daß
resignarse a algo – sich fügen, sich mit etwas abfinden
resignarse a ganar menos – sich damit abfinden, weniger zu verdienen
resignarse a que (+ subjuntivo) – sich damit abfinden, daß
saber a café/fresas/quemado – nach Kaffee/Erdbeeren/Verbranntem schmecken
servirse de algo/alguien – etwas/jemanden gebrauchen

soñar con algo/alguien – von etwas/jemandem träumen
soñar en viajar a Australia – davon träumen, nach Australien zu reisen
soñar con que (+ subjuntivo) – davon träumen, daß
sospechar de alguien – jemanden verdächtigen
tender a algo – zu etwas neigen
tender a hacer algo – dazu neigen, etwas zu tun
tener a alguien (acus.) **por una persona seria/formal** – jemanden für eine zuverlässige Person halten
tomar a alguien (acus.) **por otra persona** – jemanden mit einem anderen verwechseln
tomar a alguien (acus.) **por el portero** – jemanden für den Hausmeister halten
tratar de hacer algo – versuchen, etwas zu tun
tratar a alguien (acus.) **de tú/usted** – jemanden duzen/siezen
tratarse con alguien – mit jemandem Umgang haben
tratarse de otra cosa – sich um etwas anderes handeln; se trata de lo siguiente: es handelt sich um Folgendes
vanagloriarse de algo – mit etwas prahlen
vanagloriarse de tener algo – sich brüsten, etwas zu haben
vanagloriarse de haber hecho algo – sich brüsten, etwas getan zu haben

EJERCICIOS A

1. Ponga en estilo indirecto

1. Su amigo le pregunta: ¿Tienes ganas de ir al cine? **2.** Ella le contesta: No tengo ganas. **3.** Pepe les dice: Os vais a aburrir. **4.** Ellos contestan: Tenemos mucho que hacer. **5.** Ella le pregunta: ¿Sabes quién ha llamado? **6.** Él responde: No lo sé. **7.** El jefe asegura: Lo haré. **8.** Su cuñado promete: Pagaré esa cantidad. **9.** Entonces dicen: Esperaremos hasta que lleguen. **10.** El chico dice: Yo no he robado nada. **11.** Ella asegura: Ya se lo había advertido. **12.** El alumno afirma: Leería el libro si tuviera tiempo. **13.** Su amigo dice: Ese libro lo leí el año pasado. **14.** Dirá, como siempre: Yo no tengo la culpa.

2. Formar frases según el ejemplo

Dice que no lo cree ➜ *Dijo que no lo creía.*

1. El acusado dice que no tiene los objetos robados. **2.** El juez pregunta si lo recuerda. **3.** El empleado afirma que no lo sabe. **4.** Las chicas aseguran que no han visto nada. **5.** El ministro afirma que eso no es factible. **6.** Dicen que es muy largo de contar. **7.** Afirma que somos nosotros los culpables. **8.** Sus parientes insisten en que no ha sido él. **9.** El director asegura que nadie lo sabe. **10.** Dicen que no queda nada. **11.** Afirman que lo han olvidado por completo. **12.** Ella expresa lo que todos piensan. **13.** Asegura que no está en condiciones de hacerlo. **14.** Dicen que la isla está deshabitada. **15.** No saben quién lo ha dicho.

3. Formar frases según el ejemplo

Creo que estás enamorado de ella ➜ *Creía que estabas enamorado de ella.*

1. Pienso que ya se han casado. **2.** Siente que su vida está vacía. **3.** Tienen la impresión de que los han puesto en peligro. **4.** Sus padres lo aprueban cuando es insolente. **5.** A él le parece que todos lo engañan. **6.** Le hacen creer que tiene derecho a todo.

4. Formar frases según el ejemplo

Dice que vendrá ➜ *Dijo que vendría.*

1. Afirman que lo castigarán. **2.** Asegura que no lo hará. **3.** El ministro anuncia que se comprarán diez barcos. **4.** Dicen que seguirán estudiando el proyecto. **5.** El presidente afirma que los fondos serán bien empleados. **6.** El niño promete que se corregirá. **7.** Pilar promete que avisará a sus amigas. **8.** Dicen que lo harán sin falta. **9.** Asegura que se lo dirá. **10.** Jura que lo devolverá. **11.** El comisario asegura que el asunto se aclarará. **12.** El gerente promete que el dinero se distribuirá entre todos. **13.** Tiene que prometer que lo entregará.

5. El gato con botas

Había una vez un molinero que tenía tres hijos, un asno y un gato. Al morir, dejó el molino a su hijo mayor, el asno al segundo hijo y el gato al hijo menor, Gottlieb. Éste no sabía qué hacer con el gato, pero el animal le rogó que no lo matara y le dijo que le prestaría grandes servicios en el futuro. El gato convenció a su dueño para que le comprara un par de botas, un traje y un sombrero.

Al saber que los cazadores del rey eran lentos y perezosos, el gato con botas le empezó a llevar perdices y liebres, que eran los platos favoritos del rey, diciéndole que se los mandaba su señor, el conde Carabas.

Un día en que la carroza del rey debía pasar junto a un lago, el gato le dijo a su dueño que se metiera al agua; luego le escondió los vestidos y dijo al rey que unos ladrones le habían robado los vestidos al conde Carabas. El rey hizo traer vestidos elegantes para Gottlieb y le agradeció las perdices y las liebres.

Luego el gato con botas, sabiendo que unas hermosas tierras pertenecían al mago Zorocastes, visitó a éste en su palacio. Fingió admirar sus artes mágicas y le preguntó al mago si podía trasformarse en un ratón. Y una vez que éste lo hubo hecho, se lo tragó. Su dueño pudo así instalarse en el magnífico palacio de Zorocastes. Gottlieb se casó con la princesa, y al morir el rey, le sucedió en el trono.

Explique las formas verbales del texto.
Cuente el contenido del texto con sus propias palabras.

6. Ejercicios sobre el estilo indirecto

1. El niño llama por teléfono a la escuela y dice que no (poder; él) ... ir. **2.** El director pregunta quién (hablar) ... **3.** El niño contesta que (hablar) ... su padre. **4.** El jefe dijo que ese trabajo (ser) ... urgente. **5.** Preguntó a la secretaria si lo (poder; ella) ... hacer en seguida. **6.** Ella respondió que (tratar; sentido de futuro) ... de hacerlo. **7.** La otra secretaria dijo que ese día le (ser) ... realmente imposible quedarse en la oficina. **8.** El jefe y la otra secretaria se miraron sonriendo, pues (saber; ellos) ... que ella (estar) ... enamorada. **9.** Además, habían escuchado que la chica (haber) ... hablado con su novio por teléfono. **10.** Le había dicho que (encontrarse; sentido de futuro) ... a la puerta de un restaurante muy romántico. **11.** La chica se dio cuenta de que ellos (haber) ... advertido todo. **12.** Para disculparse dijo que no (ser) ... nada serio. **13.** Pero el jefe le dijo que no (necesitar; ella) ... disculparse, y más bien (alegrarse; él) ... de ello.

7. Ponga el tiempo correspondiente

1. La directora de la escuela anunció que se (comprar; sentido de futuro) ... varios ordenadores. **2.** El secretario del partido dice que al congreso (viajar) ... una delegación. **3.** El comisario preguntó a los presentes si todos (ser) ... españoles. **4.** La señora dijo que (ir) ... a visitar a su madre. **5.** Dijo que no (tener; él) ... tiempo. **6.** Le pregunté si (querer; él) ... viajar conmigo. **7.** Me respondió que lo (pensar; él; sentido de futuro) ... **8.** Me respondió que lo (ir; él; sentido de futuro) ... a pensar. **9.** Me respondió que ya lo (haber; él) ... pensado y que no (ser) ... posible.

8. Traducir al español

1. Pedro schreibt, er habe sich sehr über meinen Brief gefreut. **2.** Er sei sehr zufrieden mit seiner Arbeit, und auch die Kollegen seien sehr nett. **3.** Sie hätten schon viel zusammen unternommen. **4.** An den Wochenenden hätten sie Ausflüge unternommen, seien baden gegangen, ins Kino, ins Theater, in die Oper. **5.** Er hoffe, daß ich ihn einmal besuchen werde. **6.** Er könne mir dann vieles zeigen, da er sich schon ganz gut in der neuen Umgebung auskenne. **7.** Inzwischen wünsche er sich, daß ich ihn nicht vergesse und ihm recht oft schreibe.

Auch mit: "Pedro escribió que ..."

9. Completar con los tiempos correspondientes

1. Ayer llamó Armando y dijo que no (haber; ellos) ... podido venir a vernos porque (haber; ellos) ... tenido problemas con el coche. **2.** (Hacer) ... mal tiempo, y cuando ya (llevar; ellos) ... recorridos unos cuarenta kilómetros, (tener; ellos) ... un pinchazo, precisamente en una curva muy peligrosa. **3.** Dijo que (tener; ellos) ... que llamar a una grúa, porque no (lograr; ellos) ... montar la rueda de recambio. **4.** Como (sentirse; ellos) ... muy cansados y deprimidos, (quedarse; ellos) ... en casa todo el resto del día. **5.** Dijo también que nos (visitar; ellos) ... la próxima semana, porque esta semana no les (ser) .... posible.

10. ¿Cómo se dice en español ...?

1. Müssen wir das Buch kaufen? **2.** Können Sie Spanisch sprechen? **3.** Magst du diesen Wein? **4.** Mein Sohn kann schon schreiben. **5.** Kannst du heute schwimmen gehen? **6.** Du brauchst es nicht zu zahlen. **7.** Wollen wir ins Kino gehen? **8.** Sie dürfen nicht so viel trinken.

11. Traducir al español

1. Darf ich den Brief lesen? **2.** Hier dürfen Sie nicht rauchen. **3.** Die Kur soll sehr gut sein. **4.** Ich habe meine Bücher in der Schule gelassen. **5.** Ich lasse mir einen Anzug machen. **6.** Das Kind läßt sich nicht die Haare schneiden. **7.** Du brauchst es nicht auswendig zu lernen. **8.** Wir lassen uns eine Villa bauen. **9.** Läßt du das Kind noch im Garten spielen? **10.** Er darf zu uns kommen.

12. Ejercicios sobre los verbos modales

1. Du brauchst heute nicht zu arbeiten. **2.** Heute wollen wir über Spanien sprechen. **3.** Wollen wir Karten spielen? **4.** Ich sehe ein Gewitter kommen. **5.** Das Arbeitszimmer brauchen wir nicht neu zu tapezieren. **6.** Ich lasse ihn gehen. **7.** Ich wollte Maler (Bildhauer, Komponist, Schauspieler, Schriftsteller, Opernsanger, Pop-Star) werden. **8.** Und was bin ich geworden? **9.** Was soll ich ihm sagen? **10.** Sie sollen ihm die Wahrheit sagen.

13. Traducir al alemán

1. Quisiera saber si .../Me gustaría saber si ... **2.** No tienes más que llamarme. **3.** No puedo menos de advertirle que eso es peligroso. **4.** La noche se hace muy fría. **5.** ¿Qué le ofrezco? **6.** La sopa se enfría. **7.** Muchos se hicieron ricos en el Nuevo Mundo. **8.** Se puso más rojo que un tomate. **9.** ¿Qué será de este pobre chico? **10.** ¡Qué (le) vamos a hacer!

14. Y otra vez al español

1. Sie brauchen es nur zu sagen. **2.** Sie müssen es doch gesehen haben! **3.** Seine Freundin wurde krank. **4.** Laß mich in Ruhe! **5.** Der Lehrer wurde wütend. **6.** Meine Tochter will Tänzerin werden. **7.** Im Sommer wird es später Nacht. **8.** Er ist sehr geizig geworden. **9.** Mein Vater läßt mich nicht ausgehen. **10.** Darf man reinkommen? **11.** Das läßt sich machen. **12.** Dieser Wein schmeckt wie Essig. Ich mag ihn nicht. Pfui! **13.** Wenn du so weitermachst, werde ich verrückt. **14.** Ich will das Rauchen aufgeben. **15.** Er braucht eine Woche, um es zu tun. **16.** Er ließ mich eine halbe Stunde warten. **17.** Und das lassen Sie sich gefallen? **18.** Was soll man machen? Er ist der Chef.

15. Ejercicios sobre el régimen de los verbos

1. Ich freue mich sehr, daß du gekommen bist. **2.** Wir können auf dieses Geld nicht verzichten. **3.** Er schämt sich, seinen Eltern nicht geholfen zu haben. **4.** Ich zähle auf dich. **5.** Er beklagt sich ständig, daß er keine Zeit hat, aber ich sehe ihn immer in der Kneipe. **6.** Ich beziehe mich auf meinen Brief vom 17. Januar. **7.** Heutzutage muß man sich mit jeder Arbeit begnügen. **8.** Der Herr Professor genießt die Party: er spricht gerade über Insekten und Tropenkrankheiten.

16. Traducir al español

1. Wir können nur mit achtzigtausend Euro rechnen. **2.** Ich zweifle an seiner Ehrlichkeit. **3.** Wir gratulieren dir zu deinem Examen. **4.** Er interessiert sich nur für alte Bücher, Gemälde, Münzen und Pferde. **5.** Hast du mich vergessen? **6.** Ehrlich gesagt, wir verdächtigen den Portier. **7.** Schließlich handelt es sich um einen Mord.

17. Ejercicios sobre el régimen de los verbos

1. Esta casa se está convirtiendo ... un manicomio. **2.** La chica se queja ... que los chicos del vecino le pegan. **3.** A decir verdad, sospechamos ... él. **4.** Estamos enfadados ... tu hermano. **5.** Petra sueña ... un millonario. **6.** No hay quien los haga desistir ... tan descabellado proyecto. **7.** Tengo ... Pepe ... un chico muy trabajador. **8.** No te empeñes ... convencerle ... la necesidad de las reformas. **9.** Por desgracia no podemos prescindir ... sus servicios. **10.** Ese chico tiende ... exagerar. **11.** Se empeña ... venderme una enciclopedia. **12.** Nos esforzaremos ... encontrar una solución satisfactoria. **13.** Eso huele ... soborno. **14.** Déjate ... tonterías. **15.** He dudado mucho ... aceptar su ofrecimiento. **16.** Ese chico no tiene interés ... nada. **17.** No se interesa ... nada. **18.** Cuento ... su presencia. **19.** ¿No te has dado cuenta todavía de que se aprovechan ... ti? **20.** Nuestro instituto consta ... seis secciones.

18. Completar con la preposición necesaria

1. Siempre se jacta ... su riqueza y se precia ... ser el mejor: no debe asombrarse ... que nadie lo pueda soportar. **2.** Los cazadores están acabando ... todos los animales de la región. **3.** Los políticos de su mismo partido no se arriesgan ... oponerse ... él, porque es muy autoritario. **4.** Aspira ... los cargos más importantes, y no se conforma ... los puestos de menor prestigio. **5.** El Ministerio no nos ha autorizado todavía ... que construyamos la nueva ala de la escuela. **6.** No basta ... que nos lo autoricen; lo más difícil ... conseguir son los fondos; pero no podemos prescindir ... más aulas para nuestros alumnos. **7.** Por eso, es necesario insistir ... ese asunto ante los funcionarios; no podemos resignarnos ... rechazar a tantos alumnos. **8.** Ya estoy harto ... que responda siempre con evasivas; él tiende ... resolver sólo los problemas secundarios. **9.** No quiero exponerme ... una negativa, pero no me cansaré ... exigir mis derechos. **10.** Aquí huele ... quemado. **11.** Esta tarta de fresa sabe ... queso. **12.** No tienes que confiar ... esos tipos; si quieres que te sea sincero, a mí me da la impresión ... que sólo se sirven ... ti.

19. Ejercicios sobre el régimen de los verbos

1. Sie haben ein zu großes Haus gekauft: jetzt bereuen sie es. **2.** Du sollst nicht vor allem erschrecken. **3.** Mein Cousin widmet sich nur seinem Garten. **4.** Hör auf mit diesen Dummheiten! **5.** Ihr Verhalten kann sicher zur Erlangung des Friedens in der Region beitragen. **6.** Die Entwicklung eines Landes hängt von zahlreichen Faktoren ab. **7.** Unser Land verfügt über viel mehr Rohstoffe als die Nachbarländer. **8.** Als der Polizist sich näherte, begann der Dieb zu rennen. **9.** Es gefällt mir nicht, daß er mich siezt. **10.** Du mußt dich anstrengen, um eine bessere Note zu erreichen. **11.** Meine Eltern ermutigen mich, Medizin zu studieren, aber ehrlich gesagt, ich möchte etwas anderes machen. **12.** Unsere Schwestern haben sich angeboten, das Essen zuzubereiten; aber ihr sollt für die Musik sorgen.

20. Complete las frases con uno de los verbos siguientes

acceder a, comprometerse a, consistir en, constar de, felicitarse de, consentir en, equivaler a, impacientarse de

1. La democracia ... el gobierno efectivo del pueblo. **2.** "La guerra del fin del mundo", del novelista peruano Mario Vargas Llosa, ... cuatro partes. **3.** Lo sentimos mucho, pero realmente no podemos ... su pedido. **4.** Es una lástima: (él) ... cualquier cosa. **5.** (Yo) no ... que te burles de esas cosas; deberías avergonzarte. **6.** Para ser sinceros, (nosotros) ... no haber emprendido ese viaje. **7.** Haría con mucho gusto lo que me pides, pero realmente no puedo ... eso. **8.** Invitar a ese tipo ... estropearnos la fiesta.

21. Ejercicios sobre el régimen de los verbos

1. No tienes que disculparte ... habérselo dicho; en realidad se estaba aprovechando ... ti. **2.** No se avergüenza ... nada; no se espanta ... ningún escándalo. **3.** Estamos espantados ... los precios en este país. **4.** Poco a poco esto se está convirtiendo ... un caos. **5.** Su yerno se ha convertido ... islamismo. **6.** Será mejor aguardar ... que lleguen todos los invitados, aunque de por sí no estamos obligados ... ello. **7.** A nuestra secretaria la tenemos ... una persona muy capaz y eficiente.

22. Completar con la preposición correspondiente

1. No tienes que soñar .... esas cosas; más bien, tienes que esmerarte ... realizar tu trabajo lo mejor posible. **2.** La verdad es que los han forzado ... vender la casa. **3.** Me congratulo ... usted por su brillante examen. **4.** Las tropas atacantes querían tomar la ciudad, pero encontraron decidida resistencia y tuvieron que desistir ... su propósito. **5.** Lamento tener que disentir ... su opinión. **6.** Ya nos disponíamos ... partir, cuando llegó carta urgente de ellos. **7.** Con las cosas que se oyen y se ven, ya no podemos escandalizarnos ... nada.

EJERCICIOS B

1. Traducir

1. Ich freue mich, daß Sie sich um die Kinder kümmern. **2.** Es ist wahrscheinlich, daß der Benzinpreis steigt. **3.** Ich bat ihn, er solle meinem Vater nichts sagen. **4.** Wollen Sie, daß ich mit ihm spreche? **5.** Ich möchte euch nicht zwingen, den Plan zu ändern. **6.** Ich bin im Begriff abzureisen. **7.** Falls es zu spät wird, komme ich morgen. **8.** Wenn er mich angerufen hätte, hätte ich ihn eingeladen. **9.** Ich möchte gerne mit Angela sprechen, ohne daß ihre Eltern dabei sind. **10.** Sie können auf Ihre Tochter stolz sein!

2. Escriba el siguiente diálogo en estilo indirecto

"El médico preguntó: - ¿Desde cuándo se siente mal? A lo que respondió el enfermo: – Hoy siento fuertes dolores de cabeza, pero ya desde hace varias semanas tengo fiebre. El médico le dijo: – Guarde usted reposo y aténgase al tratamiento que le voy a indicar en seguida. El enfermo prometió: – Lo haré."

3. Formar el plural

el corazón – el régimen – el compás – la crisis – el test – la cruz – el ferrocarril – el celo – el coche-cama – el déficit – el jardín – el ama de casa – la actriz – el examen – el pez – la casa de campo – la lente – el film(e) – la cárcel – la perdiz – la dosis – el carácter – la esposa – el pulmón – el dólar – el club – el joven.

4. Traducir

1. Wenn du deinen Freunden schreibst, sag ihnen einen schönen Gruß von mir. **2.** Wiederhole die Telefonnummer, bis du sie auswendig kannst. **3.** Er informierte mich über seine Pläne, als die Freunde gegangen waren. **4.** Das ist ein äußerst bitteres Getränk, das man fast nicht trinken kann, aber Pablo schmeckt es besser als jedes andere. Er würde für ein Glas mehr als 10 Dollar bezahlen. Für mich ist es das schlechteste Getränk, das ich kenne.

5. Formar frases condicionales

1. Si yo (ser) ... ministro, (suprimir) ... los impuestos; desgraciadamente, no (serlo, yo) ... **2.** Si (tú, venir) ... a Múnich, (llamarme) ... en seguida para cenar juntos. **3.** Si (yo, poder) ..., te ayudo. Si (yo, poder) ..., te ayudaría.

4. De buena gana (nosotros, ir) ... a México, si mi padre no (estar) ... tan enfermo como está.

6. Traducir

1. Wer soll ihn ermordet haben? 2. Mir wird er schon alles erzählen. 3. Er wird nur lachen. 4. Nie werde ich sie vergessen. 5. Er wird so gegen drei Uhr kommen. 6. Sie werden den ganzen Sommer über bleiben. 7. Ich weiß nicht, ob wir in Köln übernachten werden. 8. Ich werde in den nächsten Tagen noch einmal vorbeikommen. 9. So etwas wird nie passieren. 10. Ich werde ihn dazu zwingen! 11. Wir werden kein Mitleid kennen. 12. Vor wem wirst du sprechen? 13. Vor zwei Stunden wird er nicht zurückkommen. 14. Ob er wohl noch kommt? 15. Schon heute wird er die Arbeit abschließen. 16. Das werden wir ja sehen!

7. Expresar en imperativo afirmativo y negativo

1. Traer (vosotros) ... los libros (a mí). 2. Tener (tú) ... cuidado. 3. Dar (usted) ... la noticia (a él). 4. Quedarse (vosotros) ... 5. Traer (vosotros) ... el disco (a nosotros). 6. Beber (tú) ... la cerveza. 7. Poner (vosotros) ... la chaqueta en la percha. 8. Apagar (vosotros) ... la luz. 9. Ir (ustedes) ... a la recepción. 10. Mandar (tú) ... los libros.

8. Completar con las formas verbales requeridas

La escena (pasar) ... en 1954. Don Pedro (ser) ... buen mecánico. (Tener) ... mucha experiencia pues ya (trabajar) ... desde (hacer) ... doce años en el mismo taller. El dos de mayo (hacer) ... sol, las calles (estar) ... vacías. A las tres de la tarde Enrique y su amigo le (llevar) ... a Don Pedro un coche muy viejo. Mientras Don Pedro (examinar) ... cuidadosamente el motor, Enrique le (decir) ... "[Nosotros] le (rogar) ... que [usted] (arreglar) ... el coche para el sábado, si (ser) ... posible. Y por favor, (comprobar) ... [usted] también los frenos." Don Pedro (prometer) ... que (hacerlo) ... para el día indicado.

9. Traducir

1. Er wird den Wettkampf gewinnen, es sei denn, es passiert etwas Unvorhergesehenes. 2. Ehe ich es vergesse ... 3. Wenn ich vom Urlaub zurück bin, rufe ich dich an. 4. Es ist besser, wenn du dich schnell entscheidest. 5. Solange ich verreist bin, kannst du mein Auto benutzen. 6. Vielleicht ist es gar nicht mehr nötig. 7. Vielleicht verwechseln Sie es mit etwas anderem. 8. Schön, daß ihr da seid. 9. Wir hoffen sehr, daß du den Posten bekommst. 10. Damals glaubte ich, ich sei etwas Besonderes.

10. ¿Cómo se dice en español ...?

1. Sobald du hier raus bist, heiraten wir. **2.** Das kannst du machen, wenn die Gäste weggegangen sind. **3.** Mach alles bereit, bevor deine Freunde kommen. **4.** Er drückte mit einigen Worten aus, was er von dieser Angelegenheit hielt. **5.** Ich gebe dir Beschied, sobald es geklappt hat. **6.** Wenn sie ihm nicht so viel Geld gäben! **7.** Wenn er das nicht allen sagen würde!

11. Completar con la preposición requerida

1. Muchas gracias ... tu carta y ... el regalo ... mis padres. **2.** Hemos estado ... compras y no he tenido tiempo ... llamarte. **3.** ... veces, hay que elegir ... dos males; no es fácil decidirse ... uno u otro, y ... ocasiones no se llega ... ninguna decisión. **4.** No tardará mucho ... llegar; ha ido ... paseo ... el parque. **5.** Como vive ... una ciudad lejana, no ve ... su familia más que los fines ... semana; ... veces, ni siquiera eso. **6.** El pobre murió ... cáncer; ... esa enfermedad no hay remedio, ... desgracia.

12. Traducir

1. Der Chef fragte den Angestellten, ob er Kinder habe. Er antwortete ihm, daß er drei Söhne habe. **2.** Eine Frau erzählte mir, daß sie vier Hunde gehabt habe und daß sie letztes Jahr alle eingegangen seien; jetzt wohne sie in einer kleinen Wohnung, in der keine Tiere Platz hätten; dann fügte sie hinzu, sie werde aber in einem Monat umziehen und sich wieder ein Tier kaufen.

13. Formular preguntas para las siguientes respuestas

1. Porque no quiero. **2.** ¡Desde luego! **3.** A las 19.30.**4.** En la estación. **5.** ¡Claro que no! **6.** Sí, con mucho gusto. **7.** Yo también. **8.** ¿Y vosotros? **9.** A mí, no. **10.** Para mi hermana. **11.** ¡De Grecia! **12.** Con sus tíos. **13.** En el hotel Excelsior. **14.** Por avión. **15.** En avión. **16.** Por el periódico. **17.** Siempre que tenga tiempo. **18.** Cuando vuelva de España. **19.** Sólo en invierno. **20.** ¡Porque no quiero!

14. Traducir

1. Ich fürchte, daß Ihnen das von mir vorgeschlagene Datum nicht paßt. **2.** Ich werde verhindern, daß er bei diesem Nebel fortgeht. **3.** Ich glaube nicht, daß er recht hat. **4.** Es stimmt nicht, daß er schlecht gearbeitet hat. **5.** Gehe nicht fort, bevor unsere Freunde zurück sind. **6.** Sie machen es, damit ich sie sehe. **7.** Er macht es, ohne daß ich es ihm sage. **8.** Sie gehen immer, bevor ich komme. **9.** Sie gehen immer, nachdem ich gekommen bin. **10.** Ich hoffe, daß er sich schnell entscheidet. **11.** Ich möchte mit ihm sprechen, bevor er geht. **12.** Während ich arbeite, rauche ich. **13.** Ich werde rauchen, solange ich lebe. **14.** Ich werde rauchen, solange die Steuern nicht zu sehr steigen. **15.** Immer wenn er uns besuchen kommt, sprechen wir von seiner Arbeit.

15. Expresar en futuro y condicional

1. Pepe se pone el abrigo. **2.** Tengo paciencia con él. **3.** ¿Me dices la verdad? **4.** ¿Puedes ayudarme? **5.** Siento que no vengas. **6.** No se lo dije. **7.** ¿Quieren acompañarnos? **8.** Hacen la traducción al español. **9.** ¿Vais al teatro esta noche? **10.** ¿Venís esta noche a cenar?

16. Sustituir por pronombres los términos subrayados

1. Di a tu hermana que me espere. **2.** Mando los libros por correo. **3.** Devolved las bicicletas al portero. **4.** La mamá compra juguetes para su hijo. **5.** Estaba escribiendo una postal a su novio. **6.** No le gusta repetir las explicaciones a los alumnos. **7.** Di a tus amigos que hoy no puedo ir. **8.** Estábamos esperando el tren de Santander. **9.** El policía sorprendió a los ladrones en la estación. **10.** Entregad la carta al alcalde.

17. Traducir empleando los verbos ser/estar

1. Er fungiert als Direktor. **2.** Ich bin im Begriff abzureisen. **3.** Der Bericht muß noch redigiert werden. **4.** Er ist auf der Jagd. **5.** Sie ist beim Einkaufen. **6.** Die Jacke ist ihm zu weit. **7.** Er ist zu allem fähig.

18. Tiempos y modos: traducir

1. Nirgends trafen wir jemanden, den wir fragen konnten. **2.** Niemand war da, der sich bereit erklärte, die Verantwortung zu übernehmen. **3.** Er ist keiner von denen, die sich leicht aus der Ruhe bringen lassen. **4.** Es fehlt immer noch ein Spezialist, der diesen komplizierten Apparat reparieren kann. **5.** Es gibt fast keinen Ort mehr, der nicht über ein Reisebüro erreichbar ist. **6.** Ich kenne nicht viele Leute, die für diese Aufgabe geeignet sind. **7.** Ich glaube nicht, daß sich noch jemand findet, der etwas darüber weiß. **8.** Im ganzen Haus war kein Raum, in dem das Klavier aufgestellt werden konnte. **9.** Ich fand nichts, was ich ihm schenken konnte. **10.** Bei uns ist kein einziger Mitarbeiter, der zu einem Betrug fähig ist. **11.** Es gibt keine zwei Menschen, die genau gleich sind. **12.** Ich sah keinen Grund, meinen Plan aufzugeben. **13.** Es gibt noch nicht viele Spezialisten, denen man diese Arbeit anvertrauen darf. **14.** Bei der Kontrolle wurde kein einziges Stück gefunden, an dem nichts zu kritisieren war.

19. Poner en voz pasiva

1. Suspenderán las clases. **2.** Recuperaron los cuadros. **3.** Lo habrán engañado. **4.** El profesor alabó a la alumna. **5.** El policía controló el coche. **6.** No autorizaron la reunión.

20. Completar con la preposición adecuada

1. El ministro declaró ... juramento ... el tribunal. **2.** Muchas gracias ... tu carta ... mes pasado ... mi cumpleaños. **3.** Los alumnos tuvieron que elegir ... varias preguntas. **4.** Tiene que traducir una novela ... ruso ... japonés. **5.** Hay que guardar calma y, ... todo, saber esperar. **6.** Murió ... una enfermedad muy corriente ... la población ... la isla; ... ella, no se conoce ningún remedio eficaz. **7.** Se empeña ... hacer lo que quiere; es incapaz ... obedecer. **8.** Se casó ... una muchacha ... buena familia. **9.** Todo se ha convertido ... un negocio; hay que insistir ... ello. **10.** Esta ensalada sabe ... gasolina: ¿te has equivocado ... botella? **11.** No te empeñes ... salir ... la tuya; esfuérzate ... adaptarte ... las circunstancias ... que tienes que vivir ... los demás. **12.** No dejes ... traerme los libros ... que te hablé.

21. Traducir

1. Sie sind um 17.30 Uhr angekommen. **2.** Bei dem Fest waren 21 Jungen und 21 Mädchen. **3.** Neun Kunden waren gekommen; es war neun Uhr. **4.** Wir werden sie am 14. April treffen. **5.** Geh und kauf ein Dutzend Eier. **6.** Die vier ersten Autos sind um 3 Uhr eingetroffen. **7.** Die fünf folgenden Autos haben eine halbe Stunde länger gebraucht. **8.** Der Angeklagte war 40 Jahre alt. **9.** Großmutter ist 85 Jahre alt. **10.** Großvater hat seinen 80. Geburtstag gefeiert. **11.** Ich brauche keinen Computer, um die Hälfte von 8 zu rechnen! **12.** Fünf Kinder waren krank. **13.** Wir wohnen im ersten Stock. **14.** Ich habe 1½ Stunden gebraucht. **15.** Meine Tante ist über 40 Jahre alt.

22. Colocar los verbos según exija el sentido

1. Mientras nadie (decirte) ... lo contrario, (continuar, tú) ... trabajando, aunque (parecerte) ... aburrido. **2.** Haré lo que (querer, yo) ..., sin que nadie (impedírmelo) ... **3.** Escribió a sus padres para que (mandarle, ellos) ... dinero, porque (tener, él) ... que comprar libros. **4.** Cuando estuve en Bogotá, (visitar, yo) ... a unos amigos que (tener) ... una librería donde (haber) ... libros alemanes. **5.** (Ser) ... ya muy tarde cuando (llegar, yo) ... a Valencia; todos los restaurantes (estar) ... cerrados, y no (poder, yo) ... cenar. **6.** Su padre no quiere que (repetir, él) ... el año. **7.** Sería una lástima que lo (haber, ellos) ... hecho. **8.** Cuando (venir) ... Paco, siempre lo pasamos muy bien. **9.** No es urgente, hazlo cuando te (ser) ... posible. **10.** Si (poder;yo) ..., te traigo mañana tus apuntes. **11.** Nos exigió que (pagar, nosotros) ... mucho más de la suma convenida. A mí me parece que eso no (ser) ... correcto.

23. Traducir

1. Es ist schade, daß du diesen Arbeitsplatz nicht annimmst. **2.** Er geht aus dem Haus, während seine Eltern schlafen. **3.** Sie machen es, ohne daß es jemand verhindern kann. **4.** Er sagt, er habe das Buch nicht gebracht. **5.** Wir werden es tun, ohne daß er es merkt. **6.** Sie gehen hinaus, ohne daß sie jemand sieht. **7.** Ich habe ihm gesagt, daß er das Kind heute nicht bringen soll. **8.** Wir haben ihm geschrieben, damit er sich persönlich mit der Angelegenheit befaßt. **9.** Es kommt mir merkwürdig vor, daß sie meine Briefe nicht bekommen haben. **10.** Es wäre mir lieber, wenn Sie ihr nichts davon sagen würden. **11.** Ich verstehe nicht ganz, wie sie sich dazu entschließen konnten, das Haus zu verkaufen. **12.** Du darfst nicht gehen, bis nicht die Arbeit gemacht ist!

24. Completar con preposiciones

1. Los turistas salieron ... Valencia ... amanecer; pasaron ... Barcelona, y ... anochecer atravesaron la frontera ... La Junquera. Pernoctaron ... un hotel ... sur ... Francia. **2.** El vecino me ha dado dinero ... comprar un disco ... música española; lo quiere ... hacer un regalo ... su hija, que es muy aficionada ... flamenco.

25. Poner los verbos en la forma requerida

1. Con mucho gusto (yo, ayudarte) ... si (tener) ... tiempo; lamentablemente, creo que (serme) ... imposible. **2.** Este año, la cosecha de manzanas (ser) ... excelente; (hacer) ... buen tiempo, el verano (resultar) ... satisfactorio y en otoño (haber) ... muchos días de sol, lo que (favorecer) ... la maduración de la fruta. **3.** Si (tú, querer) ... triunfar en la vida, no (dar) ... importancia a cosas tan insignificantes; es preferible que (tú, reservar) ... tus energías para cosas más importantes.

26. Ponga las formas correspondientes del pretérito

1. Hoy (levantarme) ... muy tarde porque ayer (estar; yo) ... en una fiesta y (acostarme) ... a las tres de la madrugada. Cuando mis amigos me (preguntar) ... si (querer) ... ir a la fiesta, no les (dar; yo) ... ninguna respuesta segura porque entonces (estar; yo) ... enfermo. Ayer a última hora (llamar; yo) ... por teléfono y les (decir) ... que (poder; ellos) ... contar conmigo.

2. Al llegar a casa, (hallarse) ... la puerta abierta; (entrar; yo) ... cautelosamente, y no (encontrar) ... a nadie; (extrañarme) ... porque mi mujer (soler) ... ser muy puntual y nunca (dejar) ... la puerta abierta. (Llamar; yo) ... varias veces, pero nadie (responder) ... y yo ya (empezar) ... a intranquilizarme, cuando (ver; yo) ... que ella (subir) ... con la vecina de abajo, quien (traer) ... una botella y unas copas: (ser) ... su cumpleaños y (querer) ... darme una sorpresa.

27. Sustituir las expresiones en infinitivo por otras equivalentes

1. De no ser así, no me quejaría. **2.** Llegamos a Toledo al ponerse el sol. **3.** Con ser tan listo, no aprobó el examen. **4.** De haber nacido un año antes, Napoleón hubiera sido italiano. **5.** No pude venir a clase por estar enfermo. **6.** De haberme enterado de esto, no hubiera insistido tanto. **7.** Al salir de la Universidad, vi al nuevo profesor. **8.** Al no encontrarte en casa, me marché.

28. Emplear el infinitivo en las frases subordinadas

Después de que llegue, te llamaré. ➜ *Te llamaré después de llegar.*

1. Antes de que me acueste, me limpiaré los dientes. **2.** Después de que haya leído el libro, le diré mi opinión. **3.** Cuando salieron de casa encontraron a unos amigos suyos. **4.** No saldremos hasta que hayamos terminado esta tarea. **5.** Fuimos al balcón para que pudiéramos ver al sereno. **6.** Él tendrá que interrumpir el viaje porque no tiene tiempo ni dinero. **7.** Tendréis que volver sin que hayáis visto todo el país. **8.** Si el libro no fuera tan caro lo compraría. **9.** Si tú no me llamas por teléfono, te llamaré yo.

ANHANG

1. ORTOGRAFÍA (vgl. Teil I, S. 18–21)

a. Groß- und Kleinschreibung (El uso de las mayúsculas y minúsculas) (vgl. Teil I, S. 20–21)

Im Spanischen existiert bei der Groß- und Kleinschreibung relative Freiheit. Es gibt aber dennoch eine ganze Reihe von Regeln. Die wichtigsten haben wir im Anschluß aufgeführt.

Groß geschrieben werden:

- **Eigennamen** aller Art:
  Pedro García; Pirineos; Alfonso el Sabio; Castilla la Vieja; Estados Unidos; Banco Exterior; pensión La Estrella
- **Institutionen** und **Titel** von Personen, die **allein**, **ohne den Eigennamen** verwendet werden:
  la Real Academia Española; el Presidente del Gobierno; el Canciller Federal; **aber**: el canciller federal Konrad Adenauer, el papa Pablo VI
- **Anreden** und **Titel**, vor allem, wenn sie **abgekürzt** sind, sowie **Abkürzungen** ganz allgemein:
  Sr., D., S.E., Ud./Vd., S. Fernando, Sta. Isabel;
  el N/S/E/O de la Península, la ONU, la RENFE, la UE, EE.UU.
- **Die römischen Ziffern**:
  Carlos V, Capítulo II, tomo IV
- **Das erste Wort** nach dem **Doppelpunkt** bei der Anrede in einem **Schreiben**.
  Querido amigo: Desde Madrid ... Muy Sr. mío: Con la presente ...
- Namen von offiziellen, religiösen, abstrakten **Institutionen**:
  el Ministerio de Asuntos Exteriores, la Universidad, la Iglesia Católica, la Naturaleza, el Universo, el Estado español, el Gobierno francés
- Bei **Titeln von Werken** aus Literatur, Kunst, Musik, Kino etc., normalerweise **nur das erste Wort**:
  "La vida es sueño", "Tradiciones peruanas", "El buque fantasma", "Lo que el viento se llevó". Es sei denn, der Titel beinhaltet **Eigennamen**, die dann natürlich **groß** geschrieben werden: "Los fusilamientos de la Moncloa", "La vida de Don Quijote y Sancho", "La condenación de Fausto".

- **Nach** dem **Doppelpunkt bei Zitaten**.
  Ya lo dijo Gracián: "Lo bueno, si breve, dos veces bueno";
  aber: Los colores del arco iris: rojo, anaranjado ...
- **Bei einem Doppelbuchstaben** (ch, ll) wird nur der **erste Buchstabe groß** geschrieben:
  Chiclana; Llamazares; Chile; Llera; Llosa
- Die **Himmelsrichtungen**, wenn sie sich nur auf eine bestimmte Region beziehen und nicht als reine Beschreibung gedacht sind.
  El Norte de España está más industrializado que el Sur;
  aber: La Mancha, al sur de Madrid.
- Namen von **Gestirnen** etc. **im astronomischen Kontext**:
  la Luna, el Sol, la Tierra;
  aber: La luna se reflejaba en el lago; el sol abrasa la tierra ...
- **Wissenschaften, Studienfächer** etc. im abstrakten Sinn:
  la Biología moderna, el Derecho Civil;
  aber: La historia y la geografía no me gustan.

Monate, **Wochentage**, **Jahreszeiten** sind vorzugsweise **klein** zu schreiben: mayo, otoño, jueves.

b. Der Akzent (el acento)

Die grundlegenden Akzentregeln wurden in Teil I (s. S. 18–19) dargelegt. An dieser Stelle sollen einige Besonderheiten des Akzents behandelt werden.

1. Akzent als Unterscheidungsmerkmal

- **Mí**, **tú** als Personalpronomen mit Akzent. Hablan de **mí**. **Tú** lo decidirás.
  Ohne Akzent in ihrer Funktion als Possessivpronomen.
  Le regalé mi pluma. Tu libro es interesante.
- **Él** als Personalpronomen **mit** Akzent. **Als Artikel** trägt es **keinen**.
  Trabajó con **él**. Hizo el trabajo.
- **Éste**, **ése**, **aquél** alleinstehend oder als Pronomen gebraucht **mit** Akzent. In adjektivischer Verwendung ohne. Con **éste** me conformo. Se quedó con **aquél**. Compro este armario. Me acuerdo de aquel día.

Esto, **eso** y **aquello** tragen **nie** einen **Akzent**!

Der Akzent ist bei este, ese, aquel etc, unbedingt erforderlich, wenn eine Verwechslungsgefahr besteht; z.B. esos chicos son alemanes, y **éstos** españoles (d.h. y éstos = estos son españoles).

- **Sí mit** Akzent als affirmatives Adverb oder Pronomen. **Ohne** Akzent als **Konjunktion**. **Sí**, lo quiero. Habla para **sí**. No sabemos si viene. Si vienen, nos alegramos mucho.
- **Más** als **Adverb** mit **Akzent**. In der **Bedeutung** von **„aber"** **ohne**. No quiero **más**. Vino, mas no respondió.
- **Sé** als 1. Pers. von **saber** oder als Imperativ von **ser mit** Akzent. In der **Bedeutung** von **„sich"** **ohne**. Lo **sé** todo. **Sé** puntual. Se pone el abrigo.
- **Dé** als Form des Verbs **dar** mit Akzent. Als Präposition etc. trägt es keinen. No se lo **dé**. Es de Murcia.
- **Té** als Substantiv **mit** Akzent. Als **Pronomen ohne**. Bebe mucho **té**. Te vi en la calle.
- Die Konjunktion **o** (= oder) **trägt Akzent**, wenn sie **zwischen Ziffern** steht: 5 **ó** 6, 8 **ó** 9; aber cinco o seis, ocho o nueve.
- **Aún** als Adverb **mit** Akzent, wenn es **im Sinne von todavía** gebraucht werden kann, ohne den Sinn des Satzes zu verändern. **Aún** está enfermo. Als **Konjunktion**, in der Bedeutung von **hasta**, **también**, **incluso** (oder **siquiera**, mit Negation), trägt es **keinen** Akzent. Aun los sordos han de oírme. No hizo nada por él, ni aun lo intentó.
- **Qué** als Fragewort bzw. als Ausruf **mit** Akzent. In den anderen Bedeutungen, z.B. **als Relativpronomen**, bei daß-Sätzen etc. **ohne** Akzent. ¿**Qué** quieres? ¡**Qué** bien! Dice que no.
- **Cuál** als **Fragewort mit** Akzent. **Sonst ohne**. ¿**Cuál** es tuyo? Por lo cual ...
- **Quién** als **Fragewort mit** Akzent. **Sonst ohne**. ¿**Quién** viene? Dime **quién** viene. Quien no venga, será multado.
- **Cuán** als Ausruf **mit** Akzent. ¡**Cuán** presto pasa la vida!
- **Sólo** als Adverb kann einen Akzent tragen. Der Akzent ist dann unbedingt erforderlich, wenn eine Verwechslungsgefahr besteht. **Sólo**/Solo él lo sabe. Sale solo (= allein) a las nueve. Sale **sólo** (= solamente) a las nueve.

Solamente trägt nie einen Akzent!

- **Dónde, cómo, cuándo, cuánto, cuánta, cuántos, cuántas** als Fragewörter bzw. im Ausruf tragen Akzent: ¿**Dónde** vives? ¿**Cómo** estás? ¿**Cuándo** vienes? ¡**Cómo** llueve! ¿**Cuánto** cuesta? ¡**Cuánta** gente! ¡**Cuántos** discos!

2. Akzent bei zusammengesetzten und abgeleiteten Wörtern.

Wird ein Wort mit Akzent zum ersten Teil einer Wortzusammensetzung, verliert es den Akzent: decimosexto, decimoséptimo, asimismo, rioplatense.

Ausgenommen von dieser Regel sind die **Adverbien mit der Endung -mente**. Hat das zugrundeliegende Adjektiv einen Akzent, so wird dieser beibehalten, trägt es keinen, so gilt dies auch für das entsprechende Adverb: **ágil**mente, **rápida**mente, **común**mente, **hábil**mente, **normal**mente, **lenta**mente.

Bei **Wortzusammensetzungen** aus zwei oder mehreren Wörtern **mit Bindestrich** behält **jedes Element** seinen **eigenen Akzent** bei:
histórico-crítico-bibliográfico, franco-alemán, chino-japonés.

3. Wörter aus fremden Sprachen

Hier wird die Originalschreibweise beibehalten:
Wagner, Mozart, Newton.
Ausgenommen sind geläufige Ausdrücke aus dem Lateinischen: per cápita, superávit, déficit, quórum.

c. Einige Bemerkungen zur Schreibweise

1. Es gibt im Spanischen Wörter, bei denen **verschiedene Schreibweisen** zulässig sind. Dazu gehören:
(p)sicología, (p)siquiatría, (p)sicoanálisis, (p)seudónimo, tra(n)sformar, tra(n)scendencia, tra(n)sparente, re(e)mplazar, re(e)mbolso, se(p)tiembre.

Aber: abstracto, absurdo, abstinencia, mnemotécnica/mnemotecnia.

2. Zusammengesetzte Wörter richten sich nach der bekannten Regel (r/rr): neorrealismo, grecorromano, surrealismo, neorromántico.

Getrennt werden sie jedoch nach ihrer ursprünglichen Form, also: neo-realismo.

2. Puntuación (vgl. Teil I, S. 19–20)

„Religion und Interpunktion sind Privatsache" (Wieland)

Im Spanischen unterliegt die Interpunktion keinen so strengen Vorschriften wie im Deutschen und richtet sich oft nach den persönlichen Kriterien des Verfassers. Dennoch gibt es einige Regeln, deren Beachtung für einen klaren Ausdruck und die Bewahrung des logischen Zusammenhangs sorgt. Weitere Aufgaben der Interpunktionszeichen sind die Markierung von Pausen und bestimmter Nuancierungen.

Die **wichtigsten Satzzeichen** sind:

1. Punkt (el punto)

a. Der Punkt bezeichnet eine stärkere Abtrennung als Komma, Strichpunkt und Doppelpunkt.

b.

punto (y) seguido	Punkt und in derselben Zeile weiter
punto (y) aparte	Punkt und Absatz (neue Zeile)
punto final	Schlußpunkt

Sie werden praktisch wie in den meisten anderen Sprachen angewendet.

c. Je nach den Vorstellungen des Autors kann der Punkt bisweilen durch Strichpunkt ersetzt werden und umgekehrt. Viele moderne Werke sind beispielsweise durch kurze, durch Punkte abgetrennte Sätze gekennzeichnet.

d. Nach Ordnungszahlen wird im Spanischen **kein Punkt** gesetzt:
el 23 de enero, el III capítulo, Carlos V, el siglo XIX

e. Mit Punkt werden **Tausender** und **Millionen** abgetrennt: 8.170.425; aber **nicht bei Jahreszahlen**: 1980

f. Punkt steht **nach vielen Abkürzungen**: etc. (= etcétera), p.ej. (= por ejemplo). Nach Abkürzungen von **Anreden** oder **Titeln** steht ebenfalls ein Punkt: Sr., D., Excmo., S.M., Dr., Vd.

g. Zahlreiche Abkürzungen werden aber ohne Punkt verwendet:
OTAN, ONU, RENFE, UNESCO, PSOE

In neuester Zeit überwiegt diese Tendenz, aber bei einigen hat sich der Punkt dennoch erhalten: S.A.

Wenn es sich um Pluralbezeichnungen handelt, wird die Abkürzung verdoppelt. EE.UU. (Estados Unidos), CC.OO. (Comisiones Obreras), B.AA.EE. (Biblioteca de Autores Españoles).

2. Strichpunkt (el punto y coma)

a. Durch den Strichpunkt können Satzteile abgetrennt, aber auch enger miteinander verbunden werden, wenn sie beispielsweise zu einer weitgefaßten Einheit gehören oder Teil eines Gedankenganges sind. Deshalb findet der Strichpunkt sehr häufig in juristischen, philosophischen oder wissenschaftlichen Texten Verwendung.

b. Der Strichpunkt wird manchmal auch gesetzt, um in Sätzen mit mehreren Kommas eine Abtrennung vorzunehmen; dies ist oft vor adversativen Konjunktionen wie **pero**, **aunque** etc. der Fall, um anzuzeigen, daß eine erhebliche Änderung des Gedankenganges erfolgte.

3. Doppelpunkt (los dos puntos)

a. Der Doppelpunkt wird in der **Anrede eines Schreibens** verwendet. Querido amigo: Acabo de recibir tu tarjeta ... Muy Sr. mío: Le agradezco ...

b. Doppelpunkt wird verwendet, um anzuzeigen, daß **eine Aufzählung erfolgt**, oder daß der folgende Satz eine **Erklärung** oder **Begründung** des vorhergehenden ist. Los colores del arco iris: rojo, anaranjado ... La guerra se prolongó todavía dos años: habían entrado ...

Nach dem **Doppelpunkt** wird **klein** weitergeschrieben, es sei denn, es folgen wörtliche Zitate.
Ya lo dijo Gracián: Lo bueno, si breve, dos veces bueno.

c. Doppelpunkt steht ferner in **Dokumenten** nach Ausdrücken wie

CERTIFICO:
EXPONE:

4. Komma (la coma)

Im Spanischen gibt es zahlreiche Kommaregeln, von denen hier nur die wichtigsten erwähnt werden sollen.

a. Einige Ausdrücke müssen immer **mit** Komma **abgetrennt** werden bzw. zwischen Kommas stehen: por favor, sin embargo, no obstante, o sea, es decir, por ejemplo, en fin, por último, etc.

b. Appositionen stehen **zwischen** Kommas.
Doña Victoria, Reina de España, ...

c. Zwischen Kommas stehen ferner **Erläuterungen** oder **Erklärungen**.
Cristóbal Colón, el descubridor de América, ...

d. Komma wird gesetzt bei **Aufzählungen**, auch innerhalb eines Satzes. Aquí te traigo los libros, las fichas, los cuadernos y demás cosas que me encargaste.

e. Direkte Anreden stehen zwischen Kommas.
Dime, guapa, ¿a qué hora nos encontramos?

f. Relativsätze (vgl. S. 79)
Kein Komma wird gesetzt bei **Relativsätzen**, die **für** das **Satzverständnis wichtig** sind.

Los que hayan terminado el examen pueden salir. Eso es lo que he dicho siempre. Este cuadro lo ha pintado un artista que vive cerca de mi casa. Perro que ladra no muerde.

Komma **wird** gesetzt **bei Relativsätzen**, die eine **zusätzliche Information geben** oder **die weggelassen werden können, ohne** die syntaktische **Struktur des Satzes** zu verändern. Napoleón, que ya había sido definitivamente vencido, fue desterrado a la isla de Santa Elena. Pepe, a cuya esposa han operado ayer, me acaba de llamar por teléfono.

Vergleichen Sie die beiden folgenden Sätze:
Los turistas que llegaron en autobús son ingleses.
Los turistas, que llegaron en autobús, son ingleses.

Der **erste Satz weist** auf die **Unterscheidung** hin. Nur die Touristen, die mit dem Bus ankamen, sind Engländer; im Unterschied zu allen anderen, die ebenfalls da sein können.

Der **zweite Satz** gibt noch **zusätzliche Erklärungen**, die **nicht unbedingt erforderlich** und deshalb entbehrlich sind. Alle Touristen, von denen hier die Rede ist, sind Engländer. Außerdem erfahren wir, daß sie im Bus ankamen.

g. Im Gegensatz zum Deutschen steht im Spanischen **kein Komma** bei **que-(daß-)Sätzen** (vgl. S. 63–65 und S. 157–159, Indirekte Rede) und bei **si-Sätzen**. Esperamos que llegue pronto. Me dijo que lleva meses enfermo. No sabemos si está de acuerdo. Me preguntó si quería ir al cine.

5. Auslassungspunkte (los puntos suspensivos)

Die Auslassungspunkte werden verwendet

a. um eine Aussage unvollständig oder in der Schwebe zu halten.
Tienes toda la razón, pero ...

b. um einen Gegensatz hervorzuheben oder der Aussage einen ironischen, zweifelnden, ängstlichen etc. Unterton zu verleihen (ähnlich dem Gedankenstrich im Deutschen). Quería replicar ... pero se contuvo para no herir.

c. wenn eine Aufzählung oder ein Zitat unvollständig bleiben sollen, in der Bedeutung von "etcétera", "así sucesivamente", "y demás".

6. Klammern und Bindestrich (los paréntesis y el guión)

a. Klammern werden verwendet, wenn der Text durch eine Erklärung ergänzt werden soll, die sonst den Satzverlauf unterbrechen würde. Muchos neologismos (la RAE es demasiado escrupulosa) tardan años en incorporarse a la lengua.

b. Auch bei der **Einfügung von Jahreszahlen** setzt man Klammern.

La guerra civil española (1936–1939) pudo haber sido evitada.

c. Bisweilen wird **anstelle der Klammer ein Bindestrich** verwendet. La realidad – era claro – resultaba penosa para ambas partes. Wie die Klammer wird hier der Bindestrich auch zweimal gesetzt.

d. Der einfache Bindestrich steht bei **Worttrennungen** und **-zusammensetzungen**: teórico-práctico, luso-español, coche-vivienda, corazón-pulmón artificial.

7. Gedankenstrich/Dialogstrich (la raya de diálogo)

Der Bindestrich (guión) darf nicht mit dem Gedanken- oder Dialogstrich (raya de diálogo) verwechselt werden; dieser steht im Spanischen anstelle der Anführungszeichen zu Beginn einer direkten Rede und zeigt den Wechsel der Dialogpartner an.

– ¡Bienvenido!, ¿qué tal?
– Bien, ¿y tú?
– Como de costumbre, matando el tiempo.
– ¡Asesino!

8. Anführungszeichen (las comillas)

Zwischen Anführungszeichen stehen im Spanischen Zitate, Titel von literarischen und künstlerischen Werken, Sprichwörter oder Redensarten. Im Spanisch stehen beide Anführungszeichen oben.

Daneben dienen die Anführungszeichen zur Hervorhebung eines Ausdrucks, der in einem bestimmten Sinn verstanden werden soll. Dice el refrán: "A Dios rogando y con el mazo dando". He leído en "El Caso" que usted es capaz de burlar hasta a la "Interpol", le dijo el "Secre".

9. Ausrufe- und Fragezeichen (los signos de admiración e interrogación)

Ausrufe- und Fragezeichen werden im Spanischen zweimal, nämlich zu Beginn und am Ende der Frage bzw. des Ausrufs gesetzt.
¿Vendrás mañana? ¡Qué alegría!

GENTILICIOS

A

África	africano
Álava	alavés
Albacete	albaceteño
Albania	albanés
La Alcarria	alcarreño
Alemania	alemán
Alicante	alicantino
Almería	almeriense
los Alpes	alpino
Alsacia	alsaciano
América	americano
Andalucía	andaluz
los Andes	andino
Andorra	andorrano
Antillas	antillano
Arabia Saudita	árabe/saudita/saudí
Aragón	aragonés
Argelia	argelino
Argentina	argentino
Asia	asiático
Asturias	asturiano
Atenas	ateniense
Australia	australiano
Austria	austriaco/ austríaco
Ávila	abulense

B

Badajoz	badajocense
los Balcanes	balcánico
Barcelona	barcelonés/barcinonense (ciudad)
Baviera	bávaro
Bélgica	belga
Berlín	berlinés
Bilbao	bilbaíno
Bogotá	bogotano
Bohemia	bohemio
Bolivia	boliviano
Bosnia	bosnio
Brasil	brasileño
Bretaña	bretón
Britania/ Reino Unido	británico
Buenos Aires	bonaerense/ porteño
Bulgaria	búlgaro
Burgos	burgalés

C

Cáceres	cacereño
Cádiz	gaditano
Canadá	canadiense
Canarias	canario
Cantabria	cántabro/ cantábrico
Caracas	caraqueño
Castellón de la Plana	castellonense
Castilla	castellano
Cataluña	catalán
Cáucaso	caucasiano/caucásico
República Checa/ Chequia	checo
Chile	chileno
China	chino
Chipre	chipriota
Ciudad Real	ciudadrealeño
Colombia	colombiano
Córdoba	cordobés
Corea	coreano
La Coruña	coruñés
Costa Rica	costarricense
Croacia	croata
Cuba	cubano
Cuenca	conquense

D

Dinamarca	danés/ dinamarqués

E

Ecuador	ecuatoriano
Egipto	egipcio
Escandinavia	escandinavo
Escocia	escocés

Eslovaquia/ República Eslovaca	eslovaco
Eslovenia	esloveno
España	español
Estados Unidos de América	estadounidense
Estonia	estonio
Etiopía	etiope/etíope/ abisinio
Europa	europeo
Extremadura	extremeño

F

Filipinas	filipino
Finlandia	finlandés/finés
Francia	francés

G

Galicia	gallego
Gerona	gironés/gerundense (ciudad)
Gibraltar	gibraltareño
Ginebra	ginebrino
Granada	granadino
Grecia	griego/heleno
Guadalajara	guadalajareño
Guatemala	guatemalteco
Guipúzcoa	guipuzcoano

H

La Habana	habanero
Haití	haitiano
Holanda	holandés/ neerlandés
Honduras	hondureño
Huelva	onubense/ huelveño
Huesca	oscense
Hungría	húngaro

I

Ibiza	ibicenco
la India	indio/hindú
Inglaterra	inglés
Irán	iraní/persa
Irak	iraquí/iraqués
Irlanda	irlandés
Islandia	islandés
Israel	israelí/ (hist.) israelita
Italia	italiano

J

Jaén	jaenés/jienense
Jamaica	jamaicano
Japón	japonés/nipón

L

Laponia	lapón
León	leonés/legionense (ciudad)
Lérida	leridano
Letonia	letón
Lima	limeño
Lisboa	lisbonés/lisboeta
Lituania	lituano
Logroño	logroñés
Lugo	lucense
Luxemburgo	luxemburgués

M

Macedonia	macedonio/ macedónico
Madrid	madrileño/matritense (ciudad)
Málaga	malagueño
Mallorca	mallorquín
La Mancha	manchego
Marruecos	marroquí
Mediterráneo	mediterráneo
Méjico/México	mejicano/ mexicano
Menorca	menorquín
la Montaña	montañés
Montevideo	montevideano
Múnich	muniqués
Murcia	murciano

N

Nápoles	napolitano
Navarra	navarro
Nepal	nepalí/nepalés
Nicaragua	nicaragüense
Noruega	noruego
Nueva York	neoyorquino

Nueva Zelanda	neozelandés

O

Orense	orensano
Oriente	oriental
Oviedo	ovetense

P

Palencia	palentino
Palma	palmesano
Las Palmas	palmense
Pamplona	pamplonés/ pamplonica
Panamá	panameño
Paraguay	paraguayo
París	parisiense/ parisino
Patagonia	patagón
La Paz	paceño
Perú	peruano
los Pirineos	pirenaico
Polonia	polaco
Pontevedra	pontevedrés
Portugal	portugués/ lusitano
Provenza	provenzal
Prusia	prusiano
Puerto Rico	puertorriqueño

Q

Quito	quiteño

R

Renania	renano
Río de la Plata	rioplatense
La Rioja	riojano
Roma	romano
Rumanía/ Rumania	rumano
Rusia	ruso

S

Sáhara	sahariano
Sajonia	sajón
Salamanca	salmantino/ salmanticense (ciudad)
El Salvador	salvadoreño
San Sebastián	donostiarra
Santander	santanderino
Santo Domingo	dominicano
Segovia	segoviano
Serbia	serbio
Sevilla	sevillano/hispalense (ciudad)
Siberia	siberiano
Sicilia	siciliano
Soria	soriano
Suabia	suabo
Sudáfrica	sudafricano/ surafricano
Suecia	sueco
Suiza	suizo

T

Tarragona	tarraconense
Tenerife	tinerfeño
Teruel	turolense
Tirol	tirolés
Toledo	toledano
Turquía	turco

U

Ucrania	ucraniano
la Unión Soviética	soviético
Uruguay	uruguayo

V

Valencia	valenciano
Valladolid	vallisoletano
el País Vasco/ Vascongadas	vasco/ vascongado/ vascuence (lengua)
el Vaticano	vaticano
Venecia	veneciano
Venezuela	venezolano
Vitoria	vitoriano
Vizcaya	vizcaíno

Y

Yugoslavia	yugoslavo

Z

Zamora	zamorano
Zaragoza	zaragozano

INDEX